Die Bedeutung von Influencer Marketing auf Instagram als strategisches Marketinginstrument. Empfehlungen für den langfristigen Erfolg

Maschal Haider

Bibliografische Information der Deutschen Nationalbibliothek:

Die Deutsche Nationalbibliothek verzeichnet diese Publikation in der Deutschen Nationalbibliografie; detaillierte bibliografische Daten sind im Internet über http://dnb.d-nb.de abrufbar.

ISBN: 9783960958932
Dieses Buch ist auch als E-Book erhältlich.

Druck und Bindung: Books on Demand GmbH, Norderstedt Germany
Gedruckt auf säurefreiem Papier aus verantwortungsvollen Quellen

Das vorliegende Werk wurde sorgfältig erarbeitet. Dennoch übernehmen Autoren und Verlag für die Richtigkeit von Angaben, Hinweisen, Links und Ratschlägen sowie eventuelle Druckfehler keine Haftung.

Das Buch bei GRIN: https://www.grin.com/document/590437

Maschal Haider

Die Bedeutung von Influencer Marketing auf Instagram als strategisches Marketinginstrument

Empfehlungen für den langfristigen Erfolg

Bibliografische Information der Deutschen Nationalbibliothek:

Die Deutsche Nationalbibliothek verzeichnet diese Publikation in der Deutschen Nationalbibliografie; detaillierte bibliografische Daten sind im Internet über http://dnb.d-nb.de abrufbar.

Impressum:

Copyright © Studylab 2020

Ein Imprint der GRIN Publishing GmbH, München

Druck und Bindung: Books on Demand GmbH, Norderstedt, Germany

Coverbild: GRIN Publishing GmbH | Freepik.com | Flaticon.com | ei8htz

Inhaltsverzeichnis

Abkürzungsverzeichnis

DE	Deutschland
IM	Influencer-Marketing
IWB	Internet World Business
K&S	KAPTEN & SON
Min.	Minute
Mio.	Millionen
OM	Online-Marketing
s. Kapitel	siehe Kapitel
SM	Social Media
SMM	Social Media-Marketing
UGC	User Generated Content

Abbildungsverzeichnis

1 Einleitung

Durch fortschreitenden digitalen Wandel und den zunehmenden globalen Wettbewerb besteht die Notwendigkeit die Marketingaktivitäten auf die Nutzungsgewohnheiten der Zielgruppe zu richten. Immer mehr Menschen und damit potenzielle Kunden sind auf Social Media (SM)-Plattformen aktiv. Das hat zur Folge, dass Unternehmen zunehmend im Social Media-Marketing (SMM) und damit zusammenhängend im Influencer-Marketing (IM) einsteigen, um weiterhin konkurrenzfähig zu bleiben (Lammenett, 2018). Die Plattform Instagram ist dabei besonders beliebt für den Einsatz von IM. 2019 waren allein in Deutschland (DE) 21,16 Mio. User[1] registriert. (NapoleonCat, 2019). Daher benutzen schon 75,6 % der befragten Unternehmen Instagram für Image-Werbung (Universität Bamberg, 2019).

Zielsetzung dieser Arbeit ist es folgenden Forschungsfragen nachzugehen:

- Ist IM ein überschätzter Trend oder ein effizientes Kommunikationsinstrument für die Zukunft?
- Wie lässt sich IM in SMM als strategisches Instrument einbauen?
- Inwiefern eignet sich Instagram als ein Marketingkanal?
- Welche strategischen Ansätze ermöglichen ein langfristig erfolgreiches IM auf Instagram?

Die vorliegende Arbeit ist folgendermaßen aufgebaut: Nach einer Einleitung in die zu behandelnde Thematik, folgt das zweite Kapitel, in dem die theoretischen Grundlagen, die für die Entstehung des IM ausschlaggebend sind, erläutert werden. Als Erstes erfolgt die Erläuterung des Marketing-Begriffs und der Kommunikationspolitik als ein Bestandteil des Marketing-Mix. Danach wird die Weiterentwicklung des Internets zum Web 2.0 veranschaulicht und die Veränderung des klassischen Marketings zum Online-Marketing (OM) definiert. Anschließend erfolgt die Definition des SMM als ein Instrument des OM für den Bereich SM. Im dritten Kapitel wird das IM auf der Plattform Instagram thematisiert. Zuerst werden die Begriffe Influencer und IM mit seinen Vorteilen erklärt. Dann wird das IM im Marketing-Mix eingeordnet und die Parallelen zu anderen Teilbereichen insbesondere zu SMM dargestellt. Im Anschluss wird die Relevanz von Instagram als Marketingkanal und die Risiken dieser Marketing-Disziplin erörtert. Abschließend wird ein Konzept aufgestellt, welches die erfolgreiche Anwendung von IM auf Instagram

---

[1] Englisches Wort für Nutzer.

ermöglichen soll. Im vierten Kapitel wird mithilfe der vorausgegangenen Erläuterungen ein erfolgreiches IM-Konzept auf Instagram analysiert und Erkenntnisse daraus gezogen. Im letzten Kapitel folgt ein Fazit, welches die wichtigsten Erkenntnisse im Hinblick auf das Ziel der Arbeit zusammenfasst und Handlungsempfehlungen für zukünftige Maßnahmen im IM beinhaltet.

2 Theoretische Grundlagen

2.1 Marketing

Der Begriff Marketing stammt aus dem englischen und beinhaltet das Wort „Market", was im Deutschen vermarkten oder Markt bedeutet (Decker et al., 2015; Froböse & Thurm, 2016). Der Gegenstand des Marketings ist somit der Markt (Heßler & Mosebach, 2013). Der Markt steht jedoch nicht allein als Synonym für den Absatzmarkt, sondern auch für die Gruppe von gegenwärtigen und potenziellen Kunden, die gleiche Bedürfnisse haben und als Zielgruppe für die unternehmerische Angebotsleistungen identifiziert wurden (Froböse & Thurm, 2016; Kreutzer, 2019).

Aufgrund der hohen Wettbewerbsintensität, der Dynamik der Marktentwicklung und des sich schnell ändernde Konsumverhalten sind für Unternehmen eine konsequente markt- und kundenorientierte Unternehmensführung unabdingbar (Becker, 2013; Fritz, von der Oelsnitz, & Seegebarth, 2019; Weis, 2018). Nur so können Unternehmenserfolg und −existenz gesichert werden (Becker, 2013; Bruhn, 2019b). Zu den unternehmerischen Funktionen des Marketings gehören die frühzeitige Erkennung und damit schnelle Reaktion auf Veränderungen im Markt (Bruhn, 2019b; Runia et al., 2019).

Zusammenfassend ist aufzuführen, dass Marketing für die konzeptionelle, marktorientierte Unternehmensführung zuständig ist. Alle Unternehmensaktivitäten werden unter den Aspekten der Kundenbedürfnisse und Erfordernisse der Märkte geplant, gesteuert und kontrolliert, um die Unternehmensziele zu verwirklichen (Fritz, von der Oelsnitz, & Seegebarth, 2019; Runia et al., 2019; Weis, 2018). Zudem wird heutzutage Marketing nicht nur als ein unternehmerisches Handeln gesehen, sondern auch als ein unternehmerischer Denkstil bzw. eine Unternehmensphilosophie (Decker et al., 2015; Weis, 2018).

2.2 Kommunikationspolitik als Komponente des Marketing-Mix

Der Marketing-Mix wird als eine Kombination der eingesetzten Marketinginstrumente aufgefasst und soll zur operativen Umsetzung der Marketing-Strategie fungieren (Fritz, von der Oelsnitz, & Seegebarth, 2019; Weis, 2018). Er umfasst folgende Bereiche: Produkt-, Preis-, Distributions-, und Kommunikationspolitik (Runia et al., 2019). Bevor der Begriff Kommunikationspolitik konkretisiert wird, ist es zunächst wichtig den Begriff Kommunikation zu erläutern.

Die Kommunikation ist ein Prozess, bei dem zwischen mindestens zwei Parteien Informationen ausgetauscht werden (Bruhn, 2014; Michelis, 2014). Der Austauschprozess findet hierbei zwischen Unternehmen und Kunden statt (Michelis, 2014). Da die Leistungspotenziale eins Unternehmens erst von vorhandenen oder potentiellen Kunden wahrgenommen werden müssen, liegt die Aufgabe der Kommunikationspolitik darin, über Produkte zu informieren (Backhaus & Voeth, 2014; Runia et al., 2019; Wirtz, 2019). Die Übermittlung von Informationen soll zur Bekanntheit des Produkts/der Dienstleistung und zum Verkaufsabschluss führen (Becker, 2013; Weis, 2018). Unter dem Begriff Kommunikationspolitik werden alle erfolgsorientierten Entscheidungen eines Unternehmens zusammengefasst, die die Gestaltung der Kommunikation mit relevanten Zielgruppen konkretisieren (Bruhn, 2019a).

Bei der Kommunikation von Unternehmen wird zwischen der externen, der internen und der interaktiven Kommunikation unterschieden (Bruhn, 2019a; Michelis, 2014). Da für die vorliegende Arbeit nur die externe Kommunikation relevant ist, werden die anderen Bereiche nicht weiter erläutert. Bei der externen Kommunikation liegt das Hauptaugenmerk auf die marktgerichtete Kommunikation zwischen Anbieter und Konsumenten (Bruhn, 2019b; Michelis, 2014). Einst war es eine sehr einseitige Kommunikation von Unternehmen zu Konsumenten. Heutzutage ist durch die digitalen Kommunikationsmedien ein zweiseitiger Dialog entstanden (Michelis, 2014).

Die Erstellung einer Kommunikationsstrategie setzt die Bestimmung der Kommunikationsziele voraus. Beides erfolgt in Bezug auf die Marketingziele des Unternehmens (Bruhn, 2019b; Froböse & Thurm, 2016). In der Kommunikationspolitik wird auch das Budget für die Maßnahmen festgelegt (Meffert et al., 2019). Die Kommunikationsziele lassen sich in ökonomische und psychologische Ziele unterteilen (Froböse & Thurm, 2016; Meffert et al., 2019). Die ökonomischen Ziele beinhalten Größen wie Umsatz, Gewinn, Marktanteil und Rentabilität (Bruhn, 2014; Meffert et al., 2019). Bei den psychologischen Zielen geht es z.B. um die Imagebildung, die Steigerung der Markenbekanntheit, den Einfluss auf Kaufverhalten der Abnehmer, die Erhöhung der Kundenloyalität und die Wettbewerbsprofilierung (Meffert et al., 2019; Wirtz, 2019). Die psychologischen Ziele werden auch vorökonomische Ziele genannt, da das Unternehmen durch das Erreichen dieser die langfristige Realisierung der ökonomischen Ziele anstrebt (Froböse & Thurm, 2016).

Die Relevanz der Kommunikationspolitik nimmt immer mehr zu, weil in vielen Branchen ein Übergang vom Produkt- zum Kommunikationswettbewerb stattfindet. Da die Produkte in einigen Branchen immer ähnlicher werden und von den Konsumenten als ersetzbar wahrgenommen, wird eine strategische Kommunikation benötigt (Decker et al., 2015). Sie kann eine Differenzierung vom Wettbewerb erzielen und ist somit kein begleitendes Instrument der Produktpolitik, sondern ein selbstständiges Instrument der heutigen Unternehmensführung (Bruhn, 2019a). Um die Kommunikationsziele zu erreichen bedienen sich die Unternehmen strategischer Kommunikationsinstrumente. Mediawerbung, Verkaufsförderung, Messen/Ausstellungen und Public Relations gehören hierbei bspw. zu den klassischen Instrumenten; Product-Placement, Sponsoring, Event-Marketing und SM-Kommunikation zählen zu den modernen Instrumenten (Backhaus & Voeth, 2014; Fritz, von der Oelsnitz, & Seegebarth, 2019; Weis, 2018).

2.3 Web 2.0

Der Begriff Web 2.0 beschreibt weniger den technologischen Wandel des Internets, sondern viel mehr die Änderung der Nutzungsgewohnheiten der User und des Angebots im Web (Beilharz, 2012; Raake & Hilker, 2010). Es folgte eine soziale und wirtschaftliche Weiterentwicklung (Alby, 2008; Lammenett, 2019). Die frühere Generation des Internets, auch das Web 1.0 genannt, hatte den Zweck des reinen Informationsflusses. Demnach bezog sich die Interaktivität hauptsächlich auf den Inhalt der weitgehend statischen Webseiten, die meistens von Unternehmen erstellt wurden (Hettler, 2010; Stanoevska- Slabeva, 2008). Beim Web 2.0 stehen die Internetnutzer und deren Beiträge im Fokus, wodurch eine neue Art von Interaktivität entsteht (Stanoevska- Slabeva, 2008). Inhalte im Web werden nicht mehr alleine von Unternehmen erstellt, sondern die Internetnutzer können sich auch aktiv an der Erstellung von Inhalten beteiligen (Jers, Gölz, & Taddicken, 2013; Lammenett, 2019). Die eigenständige Gestaltung der Inhalte auf Plattformen seitens der Internetnutzer wird „User generated Content" (UGC) genannt und ist der Kern des Web 2.0 (Alpar & Blaschke, 2008; Kreutzer, 2019). Aus diesem Kontext ist der Begriff „Mitmach-Web" als Synonym für Web 2.0 entstanden (Raake & Hilker, 2010). Der passive Konsum hat sich zum aktiven „Prosumenten" entwickelt. Der Begriff Prosument ist eine Zusammensetzung der Wörter Produzent und Konsument (Back, Gronau, & Tochtermann, 2012; Fiege, 2012), d.h. sie sind gleichzeitig Sender und Empfänger von Inhalten (Bruhn, 2019a; Gerstenberg & Gerstenberg, 2018).

Ausschlaggebend für das Web 2.0 ist somit die aktive Beteiligung der Internetnutzer, das UGC und der Dialog mit den Unternehmen sowie unter den Internetnutzern (Haas et al., 2007; Stanoevska- Slabeva, 2008). Angesichts der Veränderung der Internetnutzung entwickeln sich neue Wege des Marketings für Unternehmen, insbesondere durch Einbinden der Internutzer. Die Internetnutzer erlangen eine neue Machtposition, da sie sich am Kaufprozess beteiligen, über Produkte sprechen und diese bewerten bzw. empfehlen können (Lammenett, 2019; Stanoevska- Slabeva, 2008).

Immer mehr Nutzer verwenden das Internet auch aufgrund mobiler Endgeräte, welche den Zugang zum Internet ermöglichen. Trotz zahlreicher Möglichkeiten sind aber lediglich 10 % der User aktiv, indem sie Beiträge verfassen. Weitere 20 % der User reagieren auf Beiträge, doch die Mehrheit (70 %) ist nur lesend aktiv (Kreutzer, 2019). Aufgrund des Internets setzen immer mehr Unternehmen auf das OM und, durch die veränderten Gewohnheiten der Internetnutzer, auf seine neuen Teilbereiche (s. Kapitel 2.5 & 3).

2.4 Vom klassischen Marketing zum Online-Marketing

Die schnelle Ausbreitung der Internetnutzung hat dazu geführt, dass auch das Internet als Kommunikationskanal im Marketing zügig an Popularität gewonnen hat (Kuß & Kleinaltenkamp, 2016: s. Kapitel 2.3). Es schafft neue Wege für die Unternehmen, damit sie sich im Zuge des wachsenden Wettbewerbs besser durchsetzen können (Holland, 2016; s. Kapitel 2.1).

Die zunehmende Bedeutung des Internets im Marketing ist auch im Bereich der Kommunikationspolitik bemerkbar (Kreutzer, Rumler, & Wille-Baumkauff, 2015). Das OM zählt zu den modernen Instrumenten der Kommunikationspolitik und ist für viele Unternehmen unverzichtbar geworden, welches die folgende Entwicklung aufzeigt (Hinterholzer & Jooss, 2013; Kreutzer, 2018). Im Jahr 2019 benutzten bereits 58,8 % der Weltbevölkerung das Internet (Internet World Stats., 2019). In DE lag die Nutzerzahl bei 62,9 Mio. (ARD & ZDF, 2019b). Die durchschnittliche, tägliche Nutzungsdauer des Internets beträgt hier zu Lande 196 Min.. Die Internet-Nutzungsdauer von Jugendlichen ist sogar noch höher und liegt bei 214 Min. pro Tag (Statista, 2019b). Im Vergleich liegt die durchschnittliche Nutzungsdauer des Fernsehers pro Tag, bei den vierzehn bis zwanzig Jährigen in DE, deutlich drunter und zwar bei nur 82 Min. (AGF, 2020).

Die Nutzungsgewohnheiten der Menschen wenden sich immer mehr den Online-Medien im Vergleich zu den klassischen Medien hin, wodurch die Bedeutung des OM stetig wächst. Infolge des wachsenden Wettbewerbs müssen Unternehmen auch im Bereich Internet aktiv werden, wenn sie zukünftig weiter erfolgreich sein und somit die Unternehmensexistenz sichern wollen. Dieser Schritt ist dringend notwendig für Unternehmen dessen Zielgruppe vor allem Menschen im jugendlichen Alter sind. Nur so können sie ihre potentiellen Kunden erreichen und Aufmerksamkeit auf ihre Produkte lenken. Diese Erkenntnis haben schon heute viele Unternehmen verinnerlicht, was in Form des Anstiegs der Werbeausgaben für Online-Maßnahmen sichtbar wird (Fiege, 2012). Im Jahr 2019 machte das Internet mit circa 8,2 Milliarden € den größten Anteil unter allen Werbemedien in DE aus und ist somit heute schon das wichtigste Werbemedium. Für das Jahr 2024 wird ein Anstieg der Internet-bezogenen Werbeausgaben auf 11,7 Milliarden € prognostiziert und würde damit fast die Hälfte der gesamten Werbeausgaben in DE ausmachen (GroupM, 2019).

Der Begriff OM wird in der Literatur unterschiedlich dargestellt, deshalb ist eine einheitliche Definition schwer aufstellbar. Laut Kreutzer (2018, 2019) beinhaltet das OM die Planung, Organisation, Gestaltung und Kontrolle aller Marketingmaßnahmen, die an internetfähige Endgeräte übertragen werden können. Nach Meinung von Lammenett (2019) fasst sich Kreutzer bei der Erklärung des Begriffs zu weit. Er selbst definiert OM als Maßnahme mit dem Ziel die Internetnutzer auf eine bestimmte Internetpräsenz oder Website aufmerksam zu machen, um von dort aus direkt Verkäufe abzuschließen.

Die globale Reichweite des Internets kommt den Kommunikationszwecke des OM zugute, da User weltweit auf die Internetpräsenz zugreifen können. Zudem ist die Realisierung vieler OM-Instrumente mit einem kleinen Budget möglich. Ein weiterer positiver Aspekt ist, dass die Ergebnisse der OM-Instrumente zeitnah bewertet werden können (Kreutzer, Rumler, & Wille-Baumkauff, 2015). Des Weiteren ist OM für Unternehmen attraktiv, da das Internet einfach zu handhaben ist und die Botschaften in Form von Text, Bild, Sprache und Musik aufmerksamkeitserregend gestaltet werden können (Kuß & Kleinaltenkamp, 2016).

Zu den OM-Instrumenten gehören unter anderem Display Werbung, Suchmaschinenmarketing, SMM, E-Mail-Marketing, Mobile Werbung und Affiliate-Marketing (Greve, 2016). „OM nutzt Online-Instrumente sowohl für die Vermarktung digitalisierter Produkte und Dienstleistungen als auch für die Vermarktung nicht-digitalisierter Produkte und Dienstleistungen" (Kreutzer, 2019, S. 6). Die Kommunikationsinstrumente des OM lassen sich in den Kategorien Paid, Owned und Earned Media unterteilen. Paid Media umfasst alle Kommunikationsinstrumente, bei denen Unternehmen Medien oder Plattformen dafür bezahlen, um deren Reichweite nutzen zu können. Darunter zählen z.B. Werbebanner oder bezahlte Posts. Owned Media sind Kommunikationskanäle, wie eigene Websites, die von Unternehmen selbst gesteuert und kontrolliert werden. Earned Media bezeichnet die Medien, auf die das Unternehmen keine Kontrolle hat, wie z.B. Beiträge auf Bewertungsportalen (Bruhn, 2019a; Kreutzer, 2019).

Das OM stellt für viele Unternehmen stets eine große Herausforderung dar und benötigt eine Neuausrichtung der Kommunikationspolitik, aufgrund der stetigen Weiterentwicklung der Technologien und Wandel der Nutzerinteressen. Die OM-Instrumente differenzieren sich nun von den klassischen Marketinginstrumenten im Sinne der Kundenansprache. Diese sind beim OM persönlicher. Die Instrumente sind auf Dialog und Interaktionen ausgerichtet, was im klassischen Marketing nicht der Fall ist. Durch die Online-Medien können die Unternehmen in ihren Marketingmaßnahmen die übermittelten Botschaften zur zielgenaueren Ansprache besser individualisieren und explizit an die Zielgruppe richten. Dadurch werden Streuverluste effizient verringert (Fritz, von der Oelsnitz, & Seegebarth, 2019; Holland, 2016). Ein weiterer Unterschied vom OM zum klassischen Marketing besteht in der Kommunikation. Während beim klassischen Marketing die werblichen Informationen an die breite Masse gesendet werden (Push-Kommunikation), werden im OM bei der Pull-Kommunikation die Informationen für Interessenten zum Abruf bereitgestellt und der Kunde entscheidet selbst, ob er mit den Unternehmen in Kontakt treten möchte (Kuß & Kleinaltenkamp, 2016).

2.5 Social Media-Marketing

2.5.1 Social Media und Social Media-Plattformen

Der Begriff SM wird meist als Synonym für die Bezeichnung Web 2.0 verwendet (Beilharz, 2012; Bernauer et al. 2011). Dabei bedient sich SM der Medien- und Informationstechnik, dessen Grundsteine die Technik des Web 2.0 gelegt hat (Fiege, 2012; Schmidt, 2013; Wolf, 2017). SM sind Online-Plattformen, die den Nutzern die Möglichkeit geben miteinander zu kommunizieren und sich zu vernetzen (Bruhn & Hadwich, 2013). Die Nutzer der Plattformen sind als Prosumenten aktiv (Bruhn, 2019a; s. Kapitel 2.3).

Die Funktionsweise von SM ist meist gleich. Es wird ein eigenes Profil angelegt, um Verbindungen zu anderen Usern herzustellen und mit ihnen zu kommunizieren (Kreutzer, Rumler, & Wille-Baumkauff, 2015). Das Teilen von Inhalten kann, wegen der hohen Reichweite der Netzwerke, zu einer schnellen Verbreitung im Netz führen und einen viralen Effekt auslösen (Fiege, 2012). Beim SM wird zwischen dem von Unternehmen selbst kreierten, publizierten Content und UGC unterschieden. Diese beeinflussen dann die Wahrnehmung von Marken positiv oder negativ (Kreutzer, Rumler, & Wille-Baumkauff, 2015).

Kreutzer (2019) führt soziale Netzwerke, Media-Sharing-Plattformen, Blogs und Online-Foren als SM-Plattformen auf. Heßler und Mosebach (2013) nennen dazu noch Microblogs und Bewertungsportale. Weinberg (2015) zählt auch standortbezogene Networking-Dienste, klassische Messaging-Dienste, Podcasts, kollektiv erstellte Nachschlagewerke und Social-Bookmarking-Dienste hinzu. Da in der vorliegenden Arbeit die Plattform Instagram relevant ist, wird ausschließlich Instagram näher erläutert. Die Erläuterung erfolgt in Kapitel 3.4.

Mobile Endgeräte mit Internetzugang, wie z.B. Smartphones sind ein fester Bestandteil im Alltag geworden (Beilharz, 2012). SM profitiert von der daraus resultierenden mobilen Kommunikation (Ceyp & Scupin, 2013). Denn die SM-Plattformen haben heutzutage eine hohe Bedeutung im Alltag der Menschen, weil die User den Großteil ihrer Zeit dort verbringen (Beilharz, 2012; Ceyp & Scupin, 2013). Dass die mobilen Geräte im Alltag der Deutschen nicht mehr wegzudenken sind, zeigt eine Studie von We Are Social, Hootsuite und DataReportal (2019a) zusammen. Das Ergebnis zeigte, dass 30 Mio. SM-Nutzer in DE über mobile Geräte aktiv sind.

Im Durchschnitt verbringen die Deutschen 64 Min. pro Tag in SM (We are Social, Hootsuite, & DataReportal, 2019b). Die Umfrage von Statista (2019a) befasst sich damit, welche Arten von SM die Deutschen regelmäßig am häufigsten verwenden. Die Mehrheit der Befragten benutzt regelmäßig Instant-Messenger wie WhatsApp (71 %). An zweiter Stelle werden soziale Netzwerke wie Facebook mit 61 % besucht, gefolgt von Media-Sharing-Plattformen wie Instagram mit 35 %. Andere SM-Plattformen werden seltener regelmäßig besucht (Statista, 2019a). Wichtig ist dabei zu erwähnen, dass der größte Anteil der SM-Nutzer, mit 89 %, die 16 bis 24-jährigen sind. Gefolgt von den 25 bis 44-jährigen, mit einem Anteil von 72 % und zehn bis 15-jährige mit einem Anteil von 61 % (Statistisches Bundesamt, 2020). Um erfolgreich zu sein sollten Unternehmen dort ihre Werbemaßnahmen führen, wo die Menschen ihre meiste Zeit verbringen und somit erreichbar sind.

2.5.2 Definition von Social Media-Marketing

SM gehört zum Alltag vieler Menschen und somit auch von konsumrelevanten Zielgruppen (Weinberg, 2015; Ceyp & Scupin, 2013; s. Kapitel 2.5.1). Der Gebrauch von SMM spielt in der heutigen Zeit daher eine wichtige Rolle, um konsumrelevante Zielgruppen innerhalb von Communities anzusprechen zu können, welche mit klassischen Werbemaßnahmen nicht ansprechbar wären (Ulbricht, 2016; Weinberg, 2015). Dies macht sich auch daran bemerkbar, dass immer mehr Menschen offensichtlicher Werbung vermeiden, indem sie einen Adblocker2 verwenden. Der Anteil lag im Jahr 2018 bei 33 % in DE (Reuters Institute for the Study of Journalism, 2018).

Laut Weinberg (2015) ist die Intention der Unternehmen mit dem SMM eigene Inhalte, Produkte oder Dienstleistungen in SM-Plattformen vorzustellen und mit Stakeholdern, wie Kunden, Interessenten oder Geschäftspartnern, Kontakt aufzubauen. Hettler (2010) versteht unter SMM eine Form des Marketings, welches die Vermarktung des Unternehmens durch die Beteiligung an Austausch- und Kommunikationsprozessen im SM beabsichtigt. Grabs, Bannour und Vogl (2017) machen deutlich, dass SMM in allen Bereichen des Marketing-Mix benutzt wird, aber im Bereich Kommunikationspolitik am häufigsten Anwendung als Instrument findet. Sie definieren SMM als eine Unterdisziplin des OM, da die Maßnahmen überwiegend online stattfinden. Lammenett (2019) konkretisiert diese Definition und fügt hinzu, dass SMM auch ein eigenständiges Teildisziplin sein kann, wenn die Ziele der Marketingmaßnahmen über die Lenkung von Besuchern auf bestimmte Internetseiten hinausgehen. In der Fachsprache wird SM-Kommunikation auch als Synonym für SMM verwendet (Bruhn, 2019b; s. Kapitel 2.2). SMM lässt sich in einen reaktiven und proaktiven Teil unterteilen. Beim reaktiven SMM beginnen die Internetnutzer den Dialog woraufhin das Unternehmen reagiert. Beim proaktiven SMM sind alle Maßnahmen auf einen Dialog gerichtet, den das Unternehmen beabsichtigt zu beginnen (Heymann-Reder, 2011).

Durch SM haben Stakeholder mehr Macht gewonnen, da sie sich nun einfacher und effizienter austauschen können. Die Folge davon ist, dass Unternehmen ihre Informationshoheit verloren haben (Hettler, 2010). Dabei müssen Unternehmen beachten, dass nicht nur positive Inhalte entstehen können, sondern auch negative Inhalte (Kreutzer, 2018). Durch die viralen Effekte des SM können sich negative Inhalte schneller verbreiten, was fatale Konsequenzen für ein Unternehmen haben

---

2   Das Programm blendet Werbung auf Internetseiten aus.

kann (Grabs, Bannour, & Vogl, 2017; s. Kapitel 2.5.1). Ein potentieller Kunde sucht meist im Internet nach Bewertungen von Unternehmen und dessen Produkten, da sie dort einfacher zugänglich sind (Judt & Klausegger, 2011; Lembke, 2011). Die eigentlichen Vorteile, der enormen Reichweite und schnellen Informationsweitergabe, können also auch zu einem Nachteil werden (Lembke, 2011). Die Herausforderung im SMM liegt somit darin schlechte Bewertungen zu verhindern, indem der Community[3] kontinuierlich zugehört wird und bei Antworten darauf geachtet werden muss, dass das Unternehmen gut dasteht (Weinberg, 2015).

Der Unterschied von SMM gegenüber dem klassischen Marketing ist, dass Unternehmen die Möglichkeit haben mit den relevanten Zielgruppen in Kontakt zu treten und einen Dialog aufrechterhalten zu können. Ein Vorteil ist daher, dass durch Dialoge eingebundene User als Prosumenten interagieren. Zusätzlich sorgt die Kommunikation in Echtzeit dafür, dass Unternehmen zeitnah reagieren können (Judt & Klausegger, 2011; Kreutzer, 2019).

Zusammenfassend kann gesagt werden, dass SMM wesentliche Effektivitäts- und Effizienzvorteile gegenüber klassischen Kommunikationsinstrumenten hat, angesichts des hohen Maßes an Interaktivität, globaler Reichweite und der Technik zur detaillierten Informationsdarstellung (Bruhn, 2019b). Damit nun Unternehmen wettbewerbsfähig bleiben, müssen sie SMM in ihrer externen Unternehmenskommunikation integrieren, da SM Einfluss auf unternehmerische Geschehnisse hat (Lembke, 2011; Ceyp & Scupin, 2013; s. Kapitel 2.2). Mittlerweile haben kleine sowie große Unternehmen den Nutzen von SM für die Unternehmensziele erkannt und 45 % der Unternehmen in DE nutzten SMM im Jahr 2019 (Eurostat, 2020; Weinberg, 2015). SMM sollte jedoch nicht nur als kostengünstiges Verkaufsinstrument gesehen werden, sondern als Chance der Erweiterung der Marketingaktivitäten und Ausbau der Kundenorientierung (Lembke, 2011; Weinberg, 2015). Die Kommunikation im SM sollte ehrlich, offen und authentisch auf Augenhöhe stattfinden, um Vertrauen zu gewinnen. Unternehmen sollten SM nur für relevanten Inhalte nutzen, ansonsten verliert das Unternehmen durch Spam die Aufmerksamkeit und Vertrauen der Interessenten (Kreutzer, 2018).

---

[3] Gemeinschaft mit gemeinsamen Interesse.

2.5.3 Ziele und Strategien

Bevor ein Unternehmen den Einsatz von SMM in Betracht zieht, sollte es Ziele festlegen (Buchenau & Fürtbauer, 2015). Bitkom (2017) hat in einer Umfrage die Gründe der Nutzung von SM in deutschen Unternehmen ermittelt. Insgesamt 94 % der Befragten beabsichtigen mit dem SM-Einsatz die Besucherzahl auf ihrer Unternehmenswebsite und die Bekanntheit der eigenen Produkte oder Marke zu erhöhen. An dritter Stelle nannten 88 % der befragten Unternehmen das Ziel Dialogbereitschaft zu zeigen. Zusätzlich wurden Ziele wie Bekanntheitssteigerung des Unternehmens mit 86 % genannt sowie Kundengewinnung und Imageverbesserung mit 85 %.

Grundlegend lässt sich die Strategie des SMM in drei Ansätzen unterteilen, den der Beeinflussung, des Mitredens und der Aktivierung. Bei der Strategie der Beeinflussung ist das Unternehmen auf der Suche nach einem aktiven Dialog mit Usern. Es zielt darauf ab den Informationsaustausch mit bspw. Usern und Meinungsführern aktiv anzuregen und zu steuern. In der Strategie des Mitredens beabsichtigt das Unternehmen für die User auf den SM-Plattformen gegenwärtig zu sein und Interesse am gegenseitigen Informationstausch zu zeigen. Dies soll dem User das Gefühl geben, dass seine Wünsche und Ansichten geachtet werden. Die Strategie der Aktivierung soll der Stimulierung der positiven digitalen Mundpropaganda von Usern und Meinungsführern untereinander dienen. Dabei strebt das Unternehmen die Schaffung von Markenvertrauen und –bindung an (Bruhn, 2014).

3 Influencer-Marketing auf Instagram

3.1 Definition von Influencer

Der Begriff Influencer stammt aus dem englischen Wort „influence" und bedeutet im Deutschen übersetzt „beeinflussen" (Funke, 2019). Influencer sind Personen, die sich durch ihre hohe digitale Kompetenz auszeichnen und aus Eigenmotivation Inhalte in regelmäßigen Abständen publizieren (Deges, 2018). Sie gehören zu den wenigen aktiven User in SM (s. Kapitel 2.3). Ihr Ziel ist es soziale Interaktionen einzugehen, um dadurch ihre Community aufzubauen. Oft behandeln sie grundsätzlich ein bestimmtes Themengebiet, wie z.B. Reisen oder Fashion. Es können aber auch mehrere Themen behandelt werden (Deges, 2018). Da die visuelle Kommunikation durch die Digitalisierung eine hohe Bedeutung gewonnen hat, werden Inhalte meist visuell vermittelt (von Rotz & Tokarski, 2020). Wenn Influencer ausschließlich in SM ihre Präsenz aufgebaut haben, werden sie auch Social Influencer genannt (Lammenett, 2018). Influencer sind auf einer oder mehreren Plattformen aktiv und kommunizieren dort regelmäßig mit ihrer Community (Funke, 2019; Schach, 2018; s. Kapitel 2.5.2). Die Kommunikation ist meist sehr persönlich und unterhaltsam. Das hat die Folge, dass eine emotionale Nähe zur Community aufgebaut wird und sie als Freunde wahrgenommen werden. Menschen, die einem nahe stehen, erscheinen im Allgemeinen glaubwürdiger. Das zusätzliche Fachwissen und die Expertise der Influencer zu einem bestimmten Thema führen außerdem dazu, dass sie als Experten bei ihrer Community wahrgenommen werden. Durch die hohe Anerkennung wirken sie ebenfalls glaubwürdiger und authentischer (Deges, 2018; Lammenett, 2018; Nguyen, 2018). Die Community bringt den Influencern auch Vertrauen aufgrund einer neutralen Sichtweise entgegen (Grabs, Bannour, & Vogl, 2017). Die Influencer gewinnen immer mehr an Reichweite und sozialer Autorität durch ihre Inhalte, ihr Engagement und ihre Kompetenz (Gerstenberg & Gerstenberg, 2018; Seeger & Kost, 2019). Mit gewonnener Anerkennung können die Influencer bei Veröffentlichungen von Inhalten dadurch die Verhaltensweise, Meinungen und Entscheidungen der User beeinflussen (Grabs, Bannour, & Vogl, 2017; Jahnke, 2018).

Schüller (2015) unterscheidet zwischen beziehungsstarken Multiplikatoren und einflussnehmenden Meinungsführern. Beziehungsstarke Multiplikatoren mögen Abwechslung und haben Kontakte zu vielfältigen Personenkreisen. Sie stellen sich gerne für Produkttests zur Verfügung. Sie erzielen durch ihre Inhalte schnell Aufmerksamkeit, weil sie sehr kommunikativ, kreativ und begeisterungsfähig sind.

Einflussnehmende Meinungsführer sind dagegen primär an der Weitergabe von Informationen interessiert. Aufgrund ihres Detailwissens in ihrem Fachgebiet gelten sie als vertrauenswürdig und werden oft um Rat gefragt. Durch ihren erlangten Expertenstatus gelten sie als effiziente Beeinflusser vor allem für spezifische Märkte. Sie sind allgemein schwerer für Kooperationen zu gewinnen im Vergleich zu Multiplikatoren (Schüller, 2015).

Funke (2019) unterscheidet im Punkt Reichweite zwischen Micro-, Macro- und Mega-Influencer. Micro-Influencer haben nach seiner Auffassung 5.000 bis 50.000 Follower (Funke, 2019). Sie befassen sich grundsätzlich mit Nischenthemen und haben eine homogene Community (Seeger & Kost, 2019). Außerdem weisen Micro-Influencer ein hohes Engagement in Form von Interaktionen auf. Macro-Influencer haben 50.000 bis eine Mio. Follower[4] und damit eine große Reichweite. Sie haben sich schon etabliert und behandeln mehrere Themen. Mega-Influencer haben sich eine Community von mehreren Mio. Followern aufgebaut und kommen daher am seltensten vor. Ihre Beiträge handeln meist von verschiedenen Themen. (Funke, 2019). Mit zunehmender Followerzahl sinkt das Engagement der Influencer (Seeger & Kost, 2019).

3.2 Definition und Vorteile von Influencer-Marketing

IM ist ein Teilbereich des Marketings, der sich immer mehr im Marketing-Mix vieler Unternehmen etabliert (Funke, 2019; Lammenett, 2018). Die Bedeutung steigt in der heutigen Zeit stetig, aufgrund der generellen Werbemüdigkeit der Menschen und der damit steigenden Anwendung von Adblockern (Lammenett, 2018). Die Umfrage von eMarketer (2018) zeigt die stetig wachsende Nutzung von Adblockern zwischen den Jahren 2015 bis 2019. Für das Jahr 2019 wurde prognostiziert, dass 33,8 % der Internetnutzer in DE Adblocker verwenden werden (eMarketer, 2018). Unter den 18 bis 24-jährigen Internetnutzern benutzt es fast jeder zweite, damit 45,74 % (YouGov, 2017), d.h. immer weniger Menschen sind mit der klassischen (online) Werbung zu erreichen.

Beim IM versucht das Unternehmen passende Social Influencer zu finden und für sich zu gewinnen. Dabei ist die Aufgabe des Influencers in seiner Community die Werbebotschaften des Unternehmens zu teilen. Das Unternehmen zielt darauf ab, den Einfluss und die Reichweite der Influencer für ihre Marketingzwecke, wie bspw. zur Lenkung der Aufmerksamkeit auf eine Kampagne oder auf das

---

[4] Englisches Wort für Anhängerschaft/Fangemeinde.

Unternehmen selbst, zu instrumentalisieren (Lammenett, 2018; Seeger & Kost, 2019). Für die Kooperationen erhalten die Influencer Gegenleistungen, meist in Form von Geld (Lommatzsch, 2018).

Das Vorgehen, bei dem bekannte Persönlichkeiten indirekt oder direkt für ein Produkt werben, ist grundsätzlich nichts Neues (Funke, 2019). Durch das vermehrte Aufkommen von UGC ist der Einsatz von Influencern jedoch kostengünstiger als der Einsatz eines Prominenten als Testimonials. Auch die weniger bekannten Micro-Influencer können eine Kampagne erfolgreich durchführen, wenn deren Follower der Zielgruppe des Unternehmens entsprechen. Ein weiterer Grund für den Einsatz von IM ist, dass der Influencer viele positive Aspekte mit sich bringt, aufgrund seiner Eigenschaften und seiner Wirkungsweise bei der Community (s. Kapitel 3.1). Eine Studie von Nielsen (2015) belegt, dass Deutsche bei Werbung mit einer Priorität von 78 % auf persönliche Empfehlungen vertrauen. Meinungen und Empfehlungen von Freunden und Bekannten wird mehr Vertrauen geschenkt (Firnkes, 2013; Bernauer et al. 2011). Die Meinung der Influencer hat somit auch enormen Einfluss im Kaufentscheidungsprozess der Follower (Funke, 2019). Eine Studie von PwC (2018b) zeigt, dass vor allem die jüngeren Menschen den Produktinformationen der Influencer vertrauen. Die Umfrage der BVDW (2019) zum Umgang mit Influencern bestätigt den Einfluss und zeigt auf, dass jeder fünfte schon mal durch einen Influencern zum Kauf eines Produkts bewegt wurde. Bei den bis zu 45-jährigen, die regelmäßig Kontakt mit Influencern haben, hat schon jeder zweite einmal ein Produkt gekauft, welches von diesen empfohlen wurde (BVDW, 2019). Das Vertrauen der Community wird dementsprechend im IM für die Unternehmenskommunikation benutzt (Tropp, 2019).

Des Weiteren bringt der Einsatz von IM den Vorteil, dass mit den Influencern Adblocker umgangen werden können (Funke, 2019). Zudem können gewünschte Zielgruppen besser erreicht werden (s. Kapitel 2.4), da bei einer Kooperation mit einem Influencer weniger Streuverluste zustande kommen, insbesondere bei einem Micro-Influencer, bedingt durch seine homogenen Follower (Funke, 2019; Lammenett, 2018). Vor allem besteht die Möglichkeit die jüngeren Zielgruppen zu erreichen, welche größtenteils in sozialen Netzwerken aktiv sind und weniger die klassischen Medien schwer erreichbar sind (Funke, 2019). Bestätigt wird dies durch die Umfrage der BVDW (2019) die zeigt, dass schon 43 % der 16 bis 24-jährigen ein Produkt aufgrund der Empfehlung eines Influencers gekauft haben. Demnach sind sie leichter durch Werbung zu beeinflussen. Sie sind Werbung seitens der Influencer gegenüber auch toleranter eingestellt als andere Altersgruppen, wenn die

Influencer es als diese kennzeichnen (BVDW, 2019). Das Ergebnis kann auf die Tatsache zurückgeführt werden, dass Influencer aktiv im Kreativprozess und der Erstellung von Content eingebunden werden (Lammenett, 2018). Hierbei ist es wichtig, dass der Influencer mit seinen üblichen Inhalten zur Marke passen muss (Barzen, 2019). Dadurch werden die Inhalte mit den Werbebotschaften authentisch in der Sprache der Zielgruppe verfasst. Dies verringert Werbecharakter der Botschaft und erhöht dessen Akzeptanz, da sie vielmehr als Empfehlung aufgenommen wird (Deges, 2018; Lammenett, 2018). Der Unterschied zu anderen Marketingdisziplinen ist demnach, dass nicht das Unternehmen die Inhalte kreiert und Absender der Werbebotschaft ist, sondern diese Aufgaben von den Influencern übernommen werden, welche dann als Vermittler zwischen Unternehmen und Zielgruppe fungieren (Deges, 2018; Firsching & Bersch, 2016). Den entstandenen Content kann das Unternehmen wiederum auch z.B. für seine Accounts auf SM-Plattformen verwenden (Lammenett, 2018). IM lässt sich in Paid, Owned als auch in Earned Media kategorisieren (s. Kapitel 2.4). IM zählt zu Paid Media, weil der Influencer seinen Kanal für Werbebotschaften zur Verfügung stellt und dafür bezahlt wird. Durch das Reposten vom Content auf den eigenen Kanälen wird Owned Media geschaffen und wenn Follower die produzierten Inhalte teilen, wird Earned Media geschaffen (Funke, 2019). Aufgrund der dargestellten Vorteile, ist IM ein wichtiges Element im heutigen Marketing geworden.

Zusammengefasst kann gesagt werden, dass Influencer der Marke und dessen Produkten zu mehr Aufmerksamkeit und Glaubwürdigkeit verhelfen können. Influencer sind in der Lage Trends und Hypes im Internet auszulösen (Grabs, Bannour, & Vogl, 2017). Zudem weicht das Unternehmen mit dem Influencer der Werbemüdigkeit der Konsumenten aus (Lammenett, 2018). Wer einem Influencer bewusst regelmäßig auf SM folgt, da er/ sie sich für dessen Inhalte interessiert und von dessen Authentizität überzeugt ist, ist auch meist offen eingestellt gegenüber dessen Empfehlungen und beschäftigt sich mit den veröffentlichten Inhalten, auch wenn sie als Werbung oder Kooperation gekennzeichnet sind. Dies wurde durch die aufgeführten Ergebnisse der BVDW (2019) -Studie bestätigt.

3.3 Einordnung des Influencer-Marketings

Wie in Kapitel 2.2 beschrieben, befasst sich die Kommunikationspolitik mit Kommunikationsinstrumenten, die Einfluss auf die Bedürfnisse der Zielgruppe ausüben. Hier ist dementsprechend IM einzuordnen und hängt mit den dort ansässigen Marketingteilbereichen SMM, Content-Marketing und Empfehlungsmarketing zusammen. Wie die folgende Darstellung zeigt, sind die Bereiche alle eng miteinander verbunden (Nirschl & Steinberg, 2018):

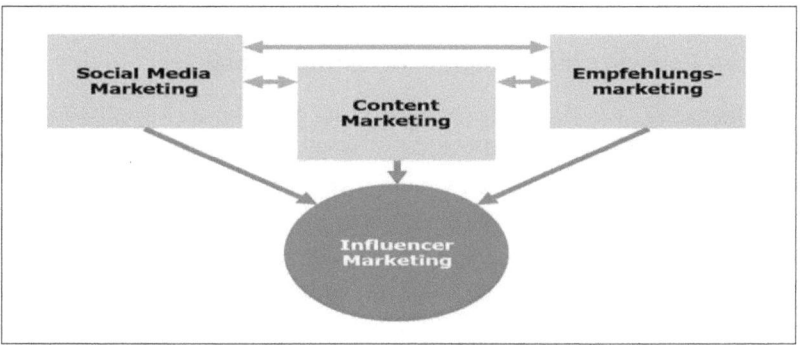

Abb. 1: Influencer Marketing & verwandte Marketingteilbereiche (Quelle: Nirschl & Steinberg, 2018, S. 7).

Im Bereich SMM nimmt der Content eine wichtige Rolle ein. Das Unternehmen produziert Inhalte, um die Zielgruppe anzusprechen. Dabei liegt der Fokus darauf informierende und unterhaltsame Inhalte zu liefern. Content-Marketing beabsichtigt Kunden ohne aufdringliche Inhalte zu gewinnen. Der produzierte Content wird auf der Unternehmensseite in SM veröffentlicht. Um seinen Kanal interessant für die User zu gestalten und Dialoge zur Überzeugung vom Unternehmen beizusteuern, werden beim SMM meist auch UGC zweitverwertet, die in der Mehrheit von Influencern produziert werden (s. Kapitel 2.3 & 3.1). Im IM spielt demnach auch Content eine große Rolle. Viele Unternehmen lassen, wegen der Authentizität, Inhalte durch Influencer in der Zielgruppensprache verfassen (s. Kapitel 3.2). Sie lassen somit Inhalte und Ideen für das Content-Marketing entwickeln. Da die Influencer in ihren Inhalten indirekt Unternehmen oder Produkte empfehlen, basiert IM auch auf Empfehlungsmarketing oder auch im Fall von SM auf digitaler Mundpropaganda (Lammenett, 2018).

IM lässt sich gut in Kombination mit SMM einsetzen. Denn beide zielen darauf ab, auf SM Content über Produkte und Dienstleistungen in bestimmte Zielgruppen zu verbreiten und sich darüber auszutauschen. Dabei geht IM über eine bloße Verbreitung hinaus. So werden Influencer als Sprachrohr instrumentalisiert, um die Aufmerksamkeit auf das Unternehmen und seine Produkte durch ihre Reichweite zu erhöhen und damit Kaufimpulse durch ihren Einfluss auszulösen (Nirschl & Steinberg, 2018; s. Kapitel 3.2).

Somit hat sich das IM als strategisches Instrument im SMM etabliert, wodurch auch 50 % der Unternehmen IM im Bereich SMM angesiedelt haben (BVDW, 2018a; Grabs, Bannour, & Vogl, 2017).

3.4 Relevanz von Instagram für Unternehmen

Instagram, die Media-Sharing-Plattform, erschien im Jahr 2010 als Foto-App für Smartphones auf dem Markt. Das Augenmerk liegt auf ästhetisch ansprechenden Bildinhalten, sowie kurzen Videos. Instagram stellt seinen User Filter und andere Kreativwerkzeuge zur Bildverarbeitung zur Verfügung, wodurch an Bekanntheit gewann. Die User lassen andere User durch das Hochladen von Bildern an ihrem Alltag teilhaben (Grabs, Bannour, & Vogl, 2017; Seeger & Kost, 2019).

Im Jahr 2012 wurde Instagram von Facebook übernommen (Scholz, 2017). Seither weist Instagram ein starkes Wachstum vor und bietet regelmäßig neue Funktionen an, die eine Kombination der Funktionen der anderen SM-Plattformen darstellen (Faßmann & Moss, 2016; Nirschl & Steinberg, 2018; Seeger & Kost, 2019).

Aufgrund seiner Zukunftsfähigkeit hat Instagram eine hohe Relevanz für Unternehmen. Denn die stetigen Neuerungen passen sich veränderndem Mediennutzungs- und Kommunikationsverhalten an, bspw. mit der Einführung von Instagram-Stories. Alle Inhalte können mit dem Smartphone erstellt werden. Das Erfolgskonzept von Instagram liegt darin, dass es eine mobile, soziale, involvierende und visuelle Kommunikation zugleich ermöglicht (Firsching, 2017; Kobilke, 2019). Durch den zuvor beschriebenen Fokus auf ästhetische Inhalte, eignet sich Instagram um Produkte ansprechend darzustellen und somit die Aufmerksamkeit potenzieller Kunden zu gewinnen (Grabs, Bannour, & Vogl, 2017; Seeger & Kost, 2019). Die visuellen Inhalte dienen als universelle Sprache, die leicht zu verstehen ist (Kobilke, 2019). Instagram eignet sich deshalb besonders für Unternehmen, welche visuell gut dargestellt werden können, wie bspw. im Beauty-, Food-, Fashion- und Sport-Bereich (Barzen, 2019; Faßmann & Moss, 2016). Zusätzlich werden hochgeladene Bilder und Videos mit sog. Hashtags versehen, welche durch eine bessere Auffindbarkeit, die Sichtbarkeit erhöhen (Grabs, Bannour, & Vogl, 2017; Seeger & Kost, 2019).

Weitere Gründe für die Relevanz von Instagram sind die Reichweite, das Wachstum und die Nutzerstruktur (Kobilke, 2019). Im Jahr 2019 nutzten weltweit 804,4 Mio. Nutzer monatlich die Plattform aktiv. Die Nutzerzahl wird in den nächsten Jahren weiter ansteigen. Im Jahr 2022 werden 989,1 Mio. monatlich aktive Nutzer prognostiziert (eMarketer, 2019). Auch in DE hat Instagram steigende Nutzerzahlen zu verzeichnen. Von dem Jahr 2016 an hat sich die Nutzerzahl von 9 Mio. im folgenden Jahr nahezu verdoppelt auf 15 Mio. User (Horizont, 2017). Ende 2019 waren es dann 21,16 Mio. User (NapoleonCat, 2019).

Instagram hat junge Nutzer zu verzeichnen. Von den 14 bis 29-jährigen nutzen 59 % Instagram und machen damit die größte Altersgruppe aus (ARD & ZDF, 2019a). Da die mobile Nutzung bevorzugt wird in der heutigen Zeit, werden vor allem mobilaffine, meist junge Menschen angesprochen (Deges, 2018). Es ist demnach unabdingbar, dass Unternehmen mit jungen Leuten als Zielgruppe Instagram in ihren Marketing-Mix integrieren. Die Erkenntnis aus der Entwicklung der anderen SM-Plattformen wie Facebook oder YouTube zeigt jedoch, dass ältere Altersgruppen auch bald nachziehen werden (Kobilke, 2019).

Für Instagram ist auch die überdurchschnittliche Nutzungsintensität und hohes Engagement der Nutzer charakteristisch (Kobilke, 2019). Im Durchschnitt verbringen die Nutzer zwischen 16 und 29 Jahren ungefähr 70 Min. pro Tag auf Instagram (PwC, 2018). Die durchaus hohe Nutzungsdauer zeigt, wie wichtig Instagram für das tägliche Leben dieser Altersgruppe geworden ist (Kobilke, 2019).

Des Weiteren bietet Instagram den Marken ein gutes Umfeld zur Markenkommunikation, da die User marken- und kaufaffin eingestellt sind. Produktfotos werden nicht negativ wahrgenommen, wenn sie kreativ umgesetzt sind. Sie erzielen meist sogar die meisten Interaktionen (Firsching, 2017; Kobilke, 2019). Nach Freunden/Familie und Prominenten folgen Instagram-User am liebsten bekannte Marken und Unternehmen (Greven, 2018a). 18 % der Befragten haben angegeben sich sogar explizit über Produkte, Marken und Unternehmen und deren Mitteilungen zu informieren (Greven, 2018b). Die Kreativität der User zusammen mit deren erhöhten Markenaffinität ermöglicht dem Unternehmen die User vermehrt zu integrieren (Scholz, 2017).

Die Studie von Goldmedia (2018) zeigt, dass Instagram zur wichtigsten Plattform für IM im deutschsprachigen Raum aufgestiegen ist und hat sogar den ehemaligen Vorreiter YouTube, in Hinblick auf Relevanz für Influencer-Erlöse durch bezahlte Posts, eingeholt. Für das Jahr 2020 wird ein Anstieg der Erlöse der Influencer von

560 Mio. € (2017) auf 990 Mio. € prognostiziert. Demnach wird der Markt für IM jährlich um 20 % ansteigen. Die Studie unterstützt die Relevanz des Einsatzes von IM und zeigt auch, dass IM ein effizientes Kommunikationsinstrument für die Zukunft sein kann. Denn IM ist auf den Weg zum Milliardenmarkt (Goldmedia, 2018).

Durch die intensive Auseinandersetzung mit der Plattform, erlangen Influencer ausgeprägte Kenntnisse in der technischen und visuellen Umsetzung von Inhalten. Diese können Unternehmen durch die Anwendung des IM nutzen (Kobilke, 2019). Um seine Relevanz als wichtigste IM-Plattform weiter auszubauen, stellt Instagram sog. Creator-Profile für Influencer, Prominente usw., die über 10.000 Follower haben, zur Verfügung. Es bietet spezielle Funktionen für die visuelle Gestaltung der Markenbotschaften und Hinweise auf den unternehmenseigenen Instagram-Account oder Webseite. Des Weiteren ermöglicht das Creator-Profil dem Influencer seine Community besser zu managen und durch die zur Verfügung gestellten Statistiken zu analysieren. Die durch diese Statistiken entstehenden Daten können bei Kooperationen mit Unternehmen weitergegeben werden, denn sie können zum Bewerten des Erfolgs der gemeinsamen Kampagnen behilflich sein (Kobilke, 2019; Scholz 2017). Die bessere Messbarkeit der Kampagnen ist ein weiterer Grund, weshalb Instagram immer beliebter für den Einsatz als Marketingkanal insbesondere im IM wird (Held, 2018).

Dass IM aufgrund der charakteristischen Eigenschaften und Storytelling-Kompetenz der Influencer allgemein viele Vorteile mit sich bringt, wurde in Kapitel 3.1 und 3.2 näher erläutert. Die Wichtigkeit von Instagram für diese Marketingdisziplin wird dadurch auch unterstrichen, dass die User nach Freunden und Familie Prominente wie Models, Blogger usw. folgen, die nicht selten als Influencer fungieren (Greven, 2018a). Dadurch ist es für Unternehmen einfacher geworden ihre Zielgruppen zu erreichen. Es muss nur die Influencer mit der passenden Zielgruppe ausfindig machen und zur Kooperation gewinnen. Der Instagram-Kanal des Influencers dient dabei als Werbefläche (Nirschl & Steinberg, 2018; s. Kapitel 3.2).

3.5 Risiken

In Kapitel 3.2 wurden die Vorteile des IM veranschaulicht. Jedoch ist der Einsatz von Influencern auch mit einigen Risiken verbunden, welches den Unternehmen bewusst sein muss. Diese Probleme, denen sich die Unternehmen stellen müssen, werden im Folgenden erläutert.

Da IM in DE noch eine junge Marketing-Disziplin ist und sich noch in der frühen Entwicklungsphase befindet, bestehen weder allgemeine Branchenstandards noch explizite rechtliche Grundlagen, woran sich Influencer und Unternehmen orientieren können (Seeger & Kost, 2019). Ein mögliches Risiko für das Unternehmen stellt der Kontrollverlust dar. Dieser kommt bei der Zusammenarbeit mit den Influencern zustande, wenn diese die Content-Gestaltung übernehmen möchten (Nirschl & Steinberg, 2018). Sie möchten die Geschichte zum Produkt auf ihre Art und Weise erzählen. Den Kontrollverlust gegenüber steht der Vorteil, dass Influencer mit ihrer Kreativität einen positiven Einfluss auf den Content haben können (Lammenett, 2019; s. Kapitel 3.1). Um die Kontrolle über die Inhalte zu behalten ist ein umfassendes Briefing wichtig, damit keine unpassenden Inhalte im Netz veröffentlicht werden. Misslungene Kooperationen können dem Image der Unternehmen erheblich schaden, da diese Inhalte nicht mehr wiederrufen werden können (Nirschl & Steinberg, 2018).

Ein weiteres Risiko stellt der Marken-Fit dar. Die Werte und Inhalte der Influencer müssen zur Marke passen. Ein unpassender Marken-Fit hat die Konsequenz, dass der produzierte Inhalt bei den Followern negative Reaktionen hervorruft und die Kooperation als nicht authentisch und unglaubwürdig aufgefasst wird. Die Influencer und die Marke können durch die Kritik der Follower ihre Glaubwürdigkeit, Authentizität und das Vertrauen verlieren. Demnach ist der Auswahlprozess des Influencers ein wichtiger Aspekt für ein erfolgreiches IM und muss mit Bedacht durchgeführt werden (Funke, 2019; Nirschl & Steinberg, 2018).

Die Faktoren Glaubwürdigkeit und Wirksamkeit des IM können auch Schaden nehmen, indem sie mit Influencern kooperieren, die häufig wechselnden Marken bewerben. Aber auch unkreative Inhalte der sog. Mittelmäßigen Influencer führen zu einem schlechten Image der Branche, obwohl es viele professionelle Influencer gibt, die authentischen Inhalte liefern könnten. Da mehrheitlich qualitativ minderwertiger Content erstellt wird ist die Auswahl eines passenden Influencers erschwert. Auch die Influencer die höherwertigen Content erschaffen erfahren durch diese Situation einen Nachteil. Sie haben es schwerer Aufträge zu erhalten (Seeger & Kost, 2019).

Ein weiterer Grund, welcher die Glaubwürdigkeit der Influencer schädigt und den Auswahlprozess für das Unternehmen nochmals erschwert, ist die Anwendung von sog. Bots (Lammenett, 2019). Bots manipulieren automatisiert die Anzahl der Follower, Kommentare und Likes. Durch diese künstlich in die Höhe getriebene Reichweite, wird der Wert des Influencers zu hoch eingeschätzt. Dadurch wird eine

Vergütung kalkuliert, die ohne Bots niedriger ausgefallen wäre. Um die hieraus resultierende Unsicherheiten im Auswahlprozess aus dem Weg zu schaffen, sollten die werbetreibenden Unternehmen die Influencer mit einer Analyse-Software über längere Zeit beobachten. So können nicht organisch zustande kommendes Wachstum der Follower-Zahlen entdeckt und hohe Streuverluste verhindert werden (Kamps & Schetter, 2018).

Auch keine Kennzeichnung der Werbung kann die Glaubwürdigkeit im IM belasten. In DE sind beworbene Beitrage kennzeichnungspflichtig (Fuchs & Hahn, 2018). Da bei IM der Werbecharakter nicht direkt erkennbar ist, muss für die Follower erkennbar sein, dass es sich bei dem Beitrag um bezahlte Werbung handelt und nicht um eine persönliche Empfehlung (Nirschl & Steinberg, 2018; Seeger & Kost, 2019). Bei fehlender Kennzeichnung besteht der Tatbestand der Schleichwerbung, welches rechtliche Folgen nach sich ziehen kann (Lammenett, 2019; Nirschl & Steinberg, 2018). Unternehmen haften für fehlende oder fehlerhafte Kennzeichnung der Influencer, deshalb sollte im Vertrag mit dem Influencer die sinnesgemäße Kennzeichnung deutlich definiert sein und im Falle des Verstoßes der Rücktritt von der Haftung seitens des Unternehmens dokumentiert werden (Klopsch, 2018).

Es existieren einige Unternehmen, die sich ohne jegliche Vorkenntnisse, Zielsetzung und Strategie ins IM stürzen, weil es gerade ein Trend ist IM auf Instagram zu betreiben. Das Resultat ist meistens, dass viele Kosten entstehen, ohne ein Nutzen erwirtschaftet zu haben. Auch das Markenimage kann einen Schaden daraus nehmen (Seeger & Kost, 2019). Eine durchdachte Vorgehensweise ist die Voraussetzung für ein erfolgreiches IM und kann Risiken verhindern. Im folgenden Kapitel wird dementsprechend die richtige Vorgehensweise behandelt.

3.6 Influencer-Marketing-Konzept für Instagram

3.6.1 Ziele

Bevor eine IM-Strategie gestaltet wird, sind die Ziele klar zu bestimmen. Die Ziele der Kampagne bilden den Ausgangspunkt für die Planung und Steuerung aller IM-Maßnahmen (Becker, 2013). Als erstes werden mit Hilfe der SWOT[5]-Analyse das Unternehmen und sein Wettbewerbsumfeld zur Zielfindung betrachtet (Yuan, 2013). Bei der Analyse werden die Handlungen der Mitbewerber bewertet. Das hat

---

[5] Aus dem Englischen: Strengths (Stärken), Weaknesses (Schwächen), Opportunities (Chancen) und Threats (Risiken) (Schawel & Billing, 2012).

zum einen den Vorteil, dass das Unternehmen sich ein genaues Bild verschaffen kann, wie die Konkurrenz in Bezug auf IM agiert und welche Strategien sie verfolgen. Dabei kann sich das Unternehmen von einem Best Practice inspirieren lassen oder sich bewusst abgrenzen und differenzieren, wenn Ziele und Werte nicht übereinstimmen (Deges, 2018).

Die Unternehmen verfolgen beim IM auf Instagram die übergeordneten Ziele die Markenbekanntheit zu steigern, das Markenimage und die Markenwahrnehmung zu verbessern, die Markenbildung zu unterstützen und die Markenpräferenz sowie den Abverkauf der Produkte zu steigern (Kobilke, 2019). Die Ziele wie Aufmerksamkeit steigern, Relevanz in bestimmten Zielgruppen maximieren, Traffic und Verkäufe steigern, neue Zielgruppen erschließen, Leads generieren oder Kundenloyalität fördern, sind die wichtigsten Subziele für die Unternehmen im IM und leiten sich aus den übergeordneten Zielen ab (BVDW, 2018b; Kobilke, 2019). Außerdem können die Ziele in ökonomische und psychologische Ziele (s. Kapitel 2.2), als auch kurzfristige oder langfristige Ziele eingeordnet werden (Seeger & Kost, 2019). Während ökonomische Ziele, wie z.B. der Abverkauf, direkten Einfluss auf Erfolg haben, liegt der Fokus der psychologischen Ziele, wie z.B. Markenbekanntheit, auf den Änderungen der Einstellungen und des Verhaltens der Zielgruppe und hat somit nur indirekt Einfluss auf den Erfolg (Becker, 2013).

Die SMART-Methode (**s**pecific, **m**easurable, **a**ttainable, **r**elevant & **t**ime-based) soll helfen die Ziele des IM zu konkretisieren. Die Ziele sollen demnach so bestimmt werden, dass sie spezifisch, messbar, erreichbar und relevant sind. Zudem sollen die Ziele sich auf einen bestimmten Zeitraum beziehen (Dichtl, 2015). Sie sollten ebenfalls mit den allgemeinen Unternehmenszielen und den Zielen des SMM im Einklang sein (s. Kapitel 2.5.3), da IM als strategisches Instrument des SMM dient (s. Kapitel 3.3).

3.6.2 Strategische Vorgehensweise und Umsetzung

Nachdem die Ziele definiert wurden, folgt im nächsten Schritt die Identifikation der relevanten Zielgruppe, welches das Unternehmen mit seinen Maßnahmen erreichen möchte. Anhand der Zielgruppe werden die idealen Influencer und der SM-Kanal ausgewählt (Bruhn, 2019a; Lammenett, 2018). Die Nutzer auf Instagram sind mehrheitlich junge Menschen, die sich für Themen aus dem Beauty-, Food-, Fashion- und Sport-Bereich interessieren und somit Zielgruppen für Unternehmen bilden, die in diesen Bereichen tätig sind (s. Kapitel 3.4). Es sind aber auch ältere

Menschen auf Instagram aktiv und daher bestehen Nischenthemen, der Anteil dieser ist aber noch gering (ARD & ZDF, 2019a).

Stehen die Ziele und die Zielgruppe fest, kann das Unternehmen nun entscheiden, ob es eine kurzfristige oder langfristige Kooperation in Betracht zieht. Mit der kurzfristigen Kooperation strebt das Unternehmen meist die Steigerung von Abverkäufen und mit der langfristigen Kooperation die Steigerung der Markenbekanntheit oder den Imageaufbau an (Ruff, 2016).

Wurde die Dauer der angestrebten Kampagne festgelegt, erfolgt die Kalkulierung des verfügbaren Kampagnenbudgets (Bruhn, 2019a). Diese sollten mit den personellen und finanziellen Ressourcen des Unternehmens möglich sein (Ceyp & Scupin, 2013; Kreutzer 2019). Als letzter Schritt wird bestimmt, in welcher Form der Influencer das IM auf Instagram umsetzen soll. Hier existieren viele Auslegungsformen, einige werden im folgendem erläutert (Kobilke, 2019; Lammenett, 2018):

- *Unboxing:* Beim Unboxing erhält der Influencer das Produkt, was er bewerben muss, und packt es live im Video aus. Er probiert dabei das Produkt und bespricht seine Meinung dazu.

- *Product-Placement:* Product-Placement ist eine etwas indirekte Form der Werbung. Dabei wird in der Werbung das zu bewerbende Produkt so unaufdringlich platziert, dass der Konsumenten dies nicht als störend empfindet.

- *Foto- oder Video-Post:* Foto- und Video-Post sind die gängigsten Formen im IM. Dabei erstellt der Influencer den Content auf das Produkt abgeschnitten und es steht somit im Vordergrund. Zusätzlich wird im Beschreibungstext unter dem Bild meist markenspezifische Hashtags und Links zum Onlineshop hinzugefügt.

- *Gewinnspiele und Rabatt- oder Aktionscode:* Durch Gewinnspiele und Rabatt- und Aktionscodes sollen mehr Abverkäufe generiert werden.

- *Events und Takeover:* Die Formen Events und Takeover werden oft in Kombination verwendet. Der Influencer wird zu einem Event eingeladen und berichtet darüber mit Posts, Stories oder Live-Videos über seinen eigenen Kanal oder im Fall des Takeovers über den Kanal des Unternehmens. Er generiert somit durch die temporäre Übernahme zusätzlich kreativen Content für den Kanal.

- *Tutorial:* Im Tutorial zeigt der Influencer dem Zuschauer, wie ein Produkt angewendet wird. Dadurch entsteht ein Mehrwert, der zum Kaufen animieren soll.

- *Produkttest:* Bei dieser Form des IM soll das Produkt getestet und eine Kaufempfehlung abgegeben werden, wenn der Influencer wirklich vom Produkt überzeugt ist.

- *Testimonials und Markenbotschafter:* Der Einsatz des Testimonials ähnelt der klassischen Werbung. Die prominente Person ist dabei das Gesicht der Marke. Beim Einsatz des Markenbotschafters ist es anders. Der Markenbotschafter selbst ist ein Markenfan und daher überzeugt vom Produkt, deshalb findet die Marke verwendet im Alltag des Influencers. Dadurch wird die Markenbotschaft auch viel authentischer und glaubwürdiger wahrgenommen. Solche Markenbotschafter sind wertvoll für Unternehmen und deshalb werden langfristige Kooperationen mit ihnen angestrebt.

- *gemeinsame Produkt-Kreationen:* Bei gemeinsamen Produkt-Kreation wird der Influencer in der Produktentwicklung miteinbezogen. Dabei fließen seine Kreativität und Wissen über die Bedürfnisse der Zielgruppe mit ein.

Als nächster Schritt erfolgt die Identifikation von Influencern. Diese werden nach soziodemographischen, quantitativen und qualitativen Kriterien ausgewählt. Zu den quantitativen Kriterien zählt die Reichweite. Ihr werden Werte wie die Posting-Frequenz, die Anzahl der Follower und Media Value per Post untergeordnet. Demnach ist für die Auswahl wichtig, wie viele Menschen tatsächlich erreicht werden (Reichweite), wie oft in welchen Abständen ein Influencer ein Beitrag veröffentlicht (Posting-Frequenz) und der monetäre Wert des Influencer Posts (Media Value per Post). Unter den qualitativen Kriterien fallen die Relevanz und die Resonanz. Zu Relevanz werden Personality-Fit, Marken-Fit, Content-Fit und Zielgruppen-Fit gezählt. Beim Personality-Fit wird untersucht, ob die Persönlichkeit des Influencers zu den Werten des Unternehmens passt. Der Marken-Fit und der Content-Fit stehen dafür, wie sehr der Influencer zur Marke passt, um die Markenbotschaft authentisch und glaubwürdig zu präsentieren und ob Content-Formate bedient werden, die sich zur Vermittlung der Werbebotschaft eignen. Der Zielgruppen-Fit bezieht sich darauf, ob die Follower des Influencers zur Zielgruppe des Unternehmens passen. Bei der Resonanz werden das Engagement und das Sentiment betrachtet. Dabei wird kontrolliert, ob die Beiträge des Influencers Reaktionen hervorrufen (Engagement) und ob bei den Kommentaren Kritik, Lob oder Verbesserungsvorschläge geäußert werden (Deges, 2018). Bei der Auswahl wird auch die Entwicklung des Influencer-Accounts betrachtet. Hier liegt das Hauptaugenmerk darauf, dass keine Manipulationen vorgenommen werden (s. Kapitel 3.5). In den Anfangsjahren des IM wurde die Recherche nach den idealen Influencer manuell durchgeführt, indem über Hashtags oder Suchmaschinen gesucht wurde. Dieser Prozess war sehr zeitintensiv und umständlich. Mittlerweile verwenden viele Unternehmen Tools wie InfluencerDB, die Instagram systematisch nach dem idealen Influencer screenen (Kobilke, 2019; Lammenett, 2018).

Beim Projektmanagement haben die Unternehmen die Möglichkeit Hilfe von Agenturen zu beanspruchen oder sie verlagern das Management ins eigene Unternehmen (Inhousing). Der Vorteil von Inhousing ist, dass die Unternehmen auf direktem Wege mit den Influencern zusammenarbeiten und kommunizieren können. Hierdurch entstehen weniger Fehlerquellen und die Unternehmen haben einen direkten Zugriff auf die Reportings der Kampagne (Seeger & Kost, 2019).

Nachdem der ideale Influencer gefunden wurde, findet die Kontaktaufnahme statt. Bei einer Zustimmung zur Kooperation hat ein detailliertes Briefing mit allen wichtigen Aspekten zur Kampagne, wie z.B. der Kennzeichnungspflicht, dem Ziel der Zusammenarbeit, den Informationen zum Produkt und Unternehmen usw. für eine lückenlose inhaltliche Abstimmung zu erfolgen (Kobilke, 2019; Lammenett, 2018). Des Weiteren erfolgt ein schriftlicher Vertrag. Im Vertrag werden die Erwartungen beider Seiten ausgearbeitet. Er sollte unter anderem die Vergütung, Rechte und Pflichten, Nutzungsrechte für vom Influencer erstellten Content, Rechtsfolgen bei Verletzung der Auflagen und die Kennzeichnungspflicht regeln (Kahl, 2017). Dem Influencer wird, wegen Beibehaltung der Authentizität, für die Gestaltung der Werbe-Inhalte Freiraum gewährt (Seeger & Kost, 2019; s. Kapitel 3.2). Bei der Vergütung sind die Honorare, aufgrund der großen Nachfrage nach Influencern, gestiegen. Influencer werden für ihre Arbeit monetär oder nicht monetär in Form von Produktgeschenken vergütet. Wobei ersteres in der Praxis gängig geworden ist. Nur noch Micro-Influencer geben sich mit Produkten als Bezahlung zufrieden (Lammenett, 2018; Seeger & Kost, 2019). Die Honorare für Influencer erfolgen in Bezug auf die Reichweite, Relevanz und Resonanz (Deges, 2018). Einige Unternehmen vergüten nach Leistung oder Erfolg. Für den Influencer ist die leistungsbasierte Vergütung die sicherere Variante (Kobilke, 2019; Seeger & Kost, 2019).

3.6.3 Erfolgsmessung

Die Erfolgsmessung im IM dient dazu aufzuzeigen, ob die festgesetzten Ziele erreicht wurden und das bereitgestellte Budget somit gewinnbringend eingesetzt wurde (Bartels & Terstiege, 2020; Homburg, 2017; Lammenett, 2019). Dabei werden die Werte vor dem Kampagnenstart mit den Werten nach Abschluss der Kampagne verglichen, um den Erfolg zu bewerten (Kloster, 2017). Die Auswertung der

Kampagne dient dem Unternehmen dazu, seine Stärken und Schwächen im Marketing herauszufinden und die erworbenen Kenntnisse in zukünftigen Kampagnen, zur Optimierung der strategischen Vorgehensweise und der Umsetzung, einzusetzen (Bartels & Terstiege, 2020). Die Bewertung des Erfolgs beinhaltet die Messung von quantitativen und qualitativen Kriterien (Deges, 2018).

In den Anfangsjahren des IM maß das Unternehmen den Erfolg nur an den Follower-Zahlen (Rinsum, 2018). Dies kann riskant sein, aufgrund von Fake-Follower (s. Kapitel 3.5). Mittlerweile existieren auch andere quantitativen Kriterien im IM auf Instagram (Kobilke, 2019). Im folgendem werden die Kennzahlen erläutert:

- *Social-Growth des Unternehmens-Accounts:* Erwähnt und markiert der Influencer in seinen Content das kooperierende Unternehmen, so kann es auf dem unternehmenseigenen Account zu einem organischen Zuwachs der Follower führen (Kamps & Schetter, 2018).

- *Engagement der Sponsored Posts:* Das Unternehmen bewertet anhand der Likes und Kommentare, wie viel Aufmerksamkeit die Inhalte bekommen und wie viele Follower sich mit dem Inhalt durch Interaktionen beschäftigt haben (Seeger & Kost, 2019).

- *Post-Performance:* Es stellt die Akzeptanz der bezahlten Posts bei der Zielgruppe dar (Kobilke, 2019).

- *Entwicklung von Earned Media:* Hierbei wird die Anzahl der Beiträge betrachtet, die mit dem spezifischen Hashtag der Marke seitens der Instagram-User versehen und verbreitet werden (Kobilke, 2019).

- *Hashtag-Performance:* Hierbei wird gemessen, welches Engagement und welche Reichweite die Influencer-Posts mit den markenspezifischen Hashtags insgesamt generieren konnten (Kobilke, 2019).

- *Conversions:* Conversions sind die Umwandlungen von Follower, die den Inhalt des Influencers konsumiert haben, in Käufer. Es wird untersucht, ob Leads oder Abverkäufe über die Influencer-Kampagne generiert wurden. Über Rabatt- und Aktionscodes können Abverkäufe bspw. direkt der Kampagne zugeordnet werden (Funke, 2019; Kobilke, 2019).

Nachdem die quantitativen Kriterien ausgewertet wurden, erfolgt die Analyse der qualitativen Kriterien. Dies geschieht manuell ohne mithilfe von Tools (Kobilke, 2019). Hierbei bewertet das Unternehmen das Sentiment bzw. die Tonalität der Kommentare und die Zusammenarbeit mit dem Influencer (Deges, 2018). Die Bewertung der qualitativen Kriterien stellt den größten Aufwand in der Auswertung dar, weil es manuell durchgeführt wird (Funke, 2019). Bei der Sentiment-Analyse wird geschaut, ob die Follower die Kampagne wahrgenommen haben, wie sehr sie sich mit dem beworbenen Produkt und der Kampagne beschäftigt haben und wie deren Meinungen dazu ausfallen (Deges, 2018). Sowohl das positive als auch das negative Feedback dient zur Anregung für die Produktentwicklung, die SM-Kommunikation usw. (Seeger & Kost, 2019). Die Analyse der Influencer-Zusammenarbeit bezieht sich auf dessen Interaktionsverhalten während der Kooperation. Es wird dabei geschaut, ob die Rolle als Markenbotschafter ernst genommen und sich die notwendige Zeit genommen wurde, um die Fragen der Community kompetent zu beantworten (Deges, 2018). Zusammengefasst kann vermerkt werden, dass der Erfolg auf Instagram schwer ermittelbar ist und es mit viel Aufwand verbunden ist (Krüger, 2018). Für viele Unternehmen stellt daher die Erfolgsmessung die größte Herausforderung im IM dar (BVDW, 2018c).

4 Influencer-Marketing-Analyse am Beispiel von KAPTEN & SON

4.1 Überblick

KAPTEN & SON (K&S) ist eine internationale Accessoires-Marke im Lifestyle-Segment (Rinsum, 2018). Das Unternehmen wurde im Jahr 2014 in Münster gegründet. Anfangs hatte es nur Armbanduhren in schlichtem Design im Sortiment (Jeronski & Gässler, 2019; Müller, 2017); mittlerweile hat es sein Sortiment auf Sonnenbrillen, Rucksäcke, Korrekturbrillen und Accessoires erweitert (KAPTEN & SON, 2020a; Reiner, 2019). Der Großteil der Uhren und Sonnenbrillen sind unisex. Nur einige Modelle sind geschlechterspezifisch designt (CH, 2018). Die Accessoires befinden sich im mittleren Preissegment (Mühle, Ziegler, & Eisenbrand, 2016). K&S hat in 2018 sein Hauptquartier nach Köln verlegt und beschäftigt nun auch Mitarbeiter in New York und Melbourne (CH, 2018; Schichler, 2017). Neben dem eigenen Onlineshop setzt das Unternehmen seit einiger Zeit auch auf den Einzelhandel und zählt weltweit schon über 1000 Verkaufsstellen (Reiner, 2019; Schnor, 2017).

4.2 Strategie und operative Umsetzung

K&S war das Marketingpotenzial der Plattform Instagram und die Relevanz von IM von Anfang an bewusst, weshalb sie IM einsetzten, um Bekanntheit zu erlangen (Chrononautix, 2017). K&S spezialisiert sich auf eine junge Zielgruppe von 14 bis 29 Jahren, was Instagram zu einer attraktiven Plattform macht (Müller, 2017; Schichler, 2017; s. Kapitel 3.4 & 3.6.2). Die fashionaffine und Abenteuerlustige Kundschaft, sehnt sich danach aufregenden Erlebnissen mit Freunden zu sammeln. Deshalb wurde bei der Namensgebung und Logoauswahl darauf geachtet das Thema Abenteuerlust aufzugreifen. Darauf weisen der Anker und das schwedische Wort für Kapitän (Kapten) hin. Son („Söhne") kann als Synonym für die Crew oder Freunde stehen, mit denen man zusammen Abenteuer erleben kann. Die Entscheidung als deutsches Unternehmen einen Schwedischen Firmennahmen zu wählen hat den Grund, dass skandinavisches Design als Schlicht und Stilbewusst gilt. Diese Eigenschaften möchte sich K&S ebenfalls zu Eigen machen, um seine Zielgruppe noch mehr anzusprechen (CH, 2018). Schon früh hat K&S seine Beiträge in englischer Sprache verfasst, um global junge Menschen zu erreichen und damit darauf abzielt schnell zu expandieren (Scheunert et al., 2018). Im folgenden ist das Firmenlogo zur Veranschaulichung abgebildet:

⚓ KAPTEN & SON

Abb. 2: Firmenlogo KAPTEN & SON (Quelle: KAPTEN & SON, 2020b, https://karriere.kapten-son.com/).

K&S verwendet für die Identifikation der optimalen Influencer Analyse-Tools und beansprucht Hilfe von Agenturen, die die Kooperation mit dem Influencer managen. Für K&S ist, trotz Einsatz von Agenturen, ein persönlicher Kontakt mit den Influencern maßgebend, daher wird nur mit Agenturen zusammengearbeitet, die das ermöglichen (Bersch, 2016). K&S achtet bei der Auswahl der Influencer, dass sie aus dem Mode-, Reise- und Lifestyle-Segment sind, aufgrund des Marken-Fit und Zielgruppen-Fit. Auch eine gewisse Kreativität/Qualität bei der Content-Gestaltung (Content-Fit) ist eine Voraussetzung (Internet World Business (IWB), 2016; Göpfert, 2017; s. Kapitel 3.6.2). Dabei wird auch darauf geachtet, dass die Influencer Ansehen bei der relevanten Zielgruppe haben (Mühle, Ziegler & Eisenbrand, 2016). Das Unternehmen setzt bei seinen Kooperationen auf eine Mischung aus Influencer mit verschiedener Reichweite. Macro-Influencer haben dadurch, dass sie nahbarer wirken, mehr Einfluss auf die Follower und deren Kaufentscheidungen. Zudem wirken sie authentischer als Mega-Influencer, da diese regelmäßig Werbung für verschieden großen Marken machen. Mega-Influencer werden von K&S engagiert, aufgrund ihrer großen Reichweite. Sie sollen für mehr Bekanntheit der Marke sorgen (Brecht, 2017; s. Kapitel 3.1). Sie werden seitens K&S vor allem bei Produkteinführung eingesetzt. Sie sollen die Zielgruppe auf die neuen Produkte aufmerksam machen (Brecht, 2017; Jeronski & Gässler, 2019). Für K&S ist es unabdingbar den Kontakt mit den Influencern zu pflegen (Schichler, 2017). Mit der heutigen Instagram-Ikone Farina Opoku (@novalanalove) z.B. pflegt K&S seit dem Gründerjahr 2014 eine langjährige Kooperation und Farina fungiert neben einigen anderen Influencern als authentische Markenbotschafterin (KAPTEN & SON, 2020c; Rinsum, 2018).

Die kooperierenden Influencer verwenden verschiedene Formen für die Produktdarstellung. Zwei Formen werden am häufigsten für K&S verwendet. Entweder steht das Accessoires im Zentrum (Foto-und Video-Post) oder das Bild wird so dargestellt, als ob es ein Schnappschuss aus dem Abenteuer/der Reise wäre (Product-Placement), wo der Influencer das Accessoires trägt (IWB, 2016; Mühle, Ziegler &

Influencer-Marketing-Analyse am Beispiel von KAPTEN & SON

Eisenbrand, 2016; s. Kapitel 3.6.2). Bei der zweiten Variante wird der K&S-Slogan „Accessoires for your next adventure" wortwörtlich umgesetzt und soll das abenteuerlustige Markenimage bewusst unterstützen. Die Produkte sollen als Begleiter des unabhängigen, abenteuerlustigen und unbeschwerten Lebens wahrgenommen werden (Jeronski & Gässler, 2019). Product-Placement und Foto-Posts sind die am häufigsten eingesetzten Formen des IM von K&S, jedoch erhalten Kunden auch Rabattcodes. Bei Gewinnspielen durch die Influencer können Kunden zusätzlich gratis Produkte erhalten. Das soll zu mehr Abverkäufen führen (Jeronski & Gässler, 2019). Auch gemeinsame Produkt-Kreationen, wie 2017 eine gemeinsame Gestaltung einer Sonnenbrille mit der Influencerin Farina Opoku, kommen zum Einsatz, als eine Form des IM (Schichler, 2017). Hierbei nutzt das Unternehmen die Kreativität und die Kenntnisse des Influencers über die Bedürfnisse der Zielgruppe (s. Kapitel 3.6.2).

In Bildunterschriften der Influencer-Beiträge werden stets die markenspezifischen Hashtags aufgeführt und der Unternehmens-Account markiert. Dies soll zu einem Followerzuwachs im Unternehms-Account führen, damit auch die Möglichkeit besteht persönlich, im Sinne des SMM, mit der Zielgruppe zu kommunizieren (IWB, 2016; s. Kapitel 2.5.2). Der Influencer sorgt durch die Lenkung auf den Account dafür, dass die Kunden dort aktiviert werden und ihre Momente, sog. Kapten-Momente, wo sie etwas von der Marke tragen, mit den Hashtags „#bekapten" und „#kaptenandson" versehen und teilen (s. Kapitel 2.5.2). Die Motivation kommt dadurch zustande, dass K&S in ihren Reposts den Account der Follower erwähnen (IWB, 2016; Riepe, 2017). Der Kunde erhofft sich dadurch auch selbst mehr Follower zu gewinnen. K&S erhält durch die Kapten-Momente-Inhalte ständig neue UGCs (IWB, 2016). Demzufolge wird mit Influencern zusammengearbeitet, um für die Marke zu werben. Diese UGCs dienen also auch als Instrument der Werbung, denn die Inhalte von Kunden wirken glaubhaft. Die Kapten-Momente verhelfen, neben IM mit glaubwürdigen Influencern, auch zu einer intensiveren Kundenbindung (Jeronski & Gässler, 2019). Auch dadurch, dass K&S seine Kunden als Kapten bezeichnet, gibt es dem Kunden das Gefühl dazugehören und sorgt auch für mehr Kundenloyalität (CH, 2018). Es entsteht demnach für beide Seiten ein Mehrwert. Zusätzlich repostet K&S auf seiner Instagram-Seite neben eigenem Content und UGC die Posts der kooperierende Influencer über die Produkte der Marke, um seinen Account mit inspirierenden und authentischen Inhalten zu gestalten (Tosev, 2016; s. Kapitel 3.2). Somit instrumentalisiert das Unternehmen die Kreativität der Influencer für die Erstellung von Content im SMM (s. Kapitel 3.3).

Die Influencer werden von K&S pro Post vergütet und in einem Briefing wird ihnen mitgeteilt, welche Vorstellungen das Unternehmen bezüglich der Aufnahmen hat. Das soll für abwechslungsreiche Fotos für den Unternehmens-Account sorgen (CH, 2018).

4.3 Erfolgsmessung und Bewertung

Dass K&S zu den deutschen Marken gehört, die erfolgreich IM einsetzt, zeigt sich an ihrem rasanten Wachstum als auch am Social-Growth des Accounts (Müller, 2017; Schichler, 2017). Im Jahr 2017 verzeichnete der Account einen Follower-Zuwachs von zwei % pro Monat (Müller, 2017). Die Follower-Zahl liegt aktuell bei 804.000 (KAPTEN & SON, 2020d). Beim Ranking der beliebtesten deutschen Retail-Unternehmen auf Instagram belegt es zurzeit den sechsten Platz (InfluencerDB, 2019). Das Unternehmen hat es somit geschafft, sich von einem Start-up zu einer bekannten und begehrten Marke zu etablieren (Müller, 2017). Dies ist auch in den Conversions zu sehen. Bereits im ersten Jahr generierte K&S einen Umsatz von über eine Mio. € (Mühle, Ziegler, & Eisenbrand, 2016). Seit 2016 weist es Umsätze im zweistelligen Millionenbereich vor und tausende Produkte wurden schon verkauft (Göpfert, 2017; Jeronski & Gässler, 2019). Die Marke ist mittlerweile weltweit bekannt und zählte im Jahr 2017 schon 500.000 Kunden weltweit (Göpfert, 2017). K&S sorgt stets für ein großes Engagement der Follower durch die Reposts auf ihrem Account und durch die Motivation der Kunden zum Teilen der Kapten-Momente verschafft es sich Earned Media (Müller, 2017; s. Kapitel 3.6.3).

Zusammenfassend kann gesagt werden, dass K&S es schaffte, in seinen Anfangszeiten mit wenig Budget, durch die Zusammenarbeit mit den Influencern, viel Reichweite zu generieren und erlangte so sehr schnell Markenbekanntheit, aufgrund der geringen Streuverluste (Müller, 2017; s. Kapitel 3.2). Mittlerweile hat K&S auch Instagram-Werbeanzeigen neben IM eingeschaltet, weil das entsprechende Budget nun vorhanden ist (Riepe, 2017).

4.4 Deutung der Erkenntnisse aus der Analyse

Es ist unbestreitbar, dass K&S einen Großteil seines Erfolges der Plattform Instagram zu verdanken hat, weil dort die meisten Kunden auf die Marke aufmerksam geworden sind (Mühle, Ziegler und Eisenbrand, 2016). K&S verwendet auch andere SM-Plattformen wie Facebook, Snapchat und YouTube. Instagram wird dennoch Kernpunkt der Werbemaßnahmen bleiben, auch aufgrund des Zukunftspotenzials der Plattform (Brecht, 2017; Schichler, 2017; s. Kapitel 3.4). Auch andere junge Unternehmen sollten die Chance, die IM auf Instagram bietet, nutzen (Jeronski & Gässler, 2019).

Zum Erfolg beigetragen hat auch die genaue Definition der Zielgruppe und damit Vermeidung von Streuverlusten. K&S setzt ein geschicktes SMM, mit Verwendung des IM als strategisches Instrument ein, welches beispielhaft für junge Unternehmen ist. K&S setzt IM aufgrund seiner hohen Glaubwürdigkeit ein (Tosev, 2016). Wie in Kapitel 4.2 aufgeführt, setzt K&S beim Einsatz von Influencern erfolgreich auf eine Mischung von Macro- und Mega-Influencer (Brecht, 2017). Je nachdem, was die Zielsetzung der Kampagne ist, haben die Influencer mit größerer oder kleinerer Reichweite ihren Nutzen. Ausschlaggebend ist, wie am Beispiel K&S zu sehen ist, dass langfristig gesehen auf Instagram, bei der Kooperation mit Influencern, die Qualität zählt anstatt der Quantität (Bersch, 2016).

Eine weitere Erkenntnis aus der K&S-Analyse ist, dass es nicht ausreicht nur kurzfristig mit Influencern zu arbeiten, um langfristig Erfolge zu generieren. Ein Unternehmen sollte passende Markenbotschafter ausfindig machen. Der Grund ist, dass sich erst nach langfristigen Kooperationen, die mindestens sechs Monate laufen, die Influencer mit der Marke besser identifizieren können und somit die Werbebotschaften authentischer und glaubwürdiger an die Zielgruppe vermitteln (Bruce & Jeromin, 2018; Rinsum, 2018). Dies wäre z.B. bei den Aspekten Imageaufbau und Bekanntheitssteigerung wichtig. Kurzfristige Kooperationen dienen meist nur kurzfristigen Zielen (s. Kapitel 3.6.2). Der Einfluss der Influencer auf die junge Zielgruppe hat dazu geführt, dass sich K&S zu einer global erfolgreichen Accessoires-Marke etabliert hat. K&S zeigt, wie entscheidend es ist, ein markenspezifisches Hashtag einzuführen (Funke, 2019). Denn nach der Steigerung der Markenbekanntheit, wird K&S nun regelmäßig durch die passenden Hashtags von seinen Followern mit kostenlosem UGC versorgt (Müller, 2017). Durch das Verwenden des UGC hat sich K&S in den Köpfen der Kunden verankert und bindet den Kunden ein (CH, 2018).

Als letztes ist aufzuführen, dass K&S IM von Anfang an, in Kombination mit SMM, anwendet und seit einiger Zeit benutzt es zusätzlich die Instagram-Werbeanzeigen (Rinsum, 2018).

5 Fazit

Vor dem Hintergrund des fortschreitenden digitalen Wandels, der hohen Wettbewerbsintensität und das sich schnell ändernde Konsumverhalten der Endverbrau-
cher, sehen sich Unternehmen in der Pflicht ihre Marketingaktivitäten anzupassen
um den Unternehmenserfolg langfristig zu sichern (s. Kapitel 2.1). In der vorliegenden Arbeit wurde aufgezeigt, dass **IM kein überschätzter Trend, sondern vielmehr ein effizientes Kommunikationsinstrument für die Zukunft** darstellt,
weil es konsumrelevante Zielgruppen erreicht, die mit klassischen Werbemaßnahmen immer weniger zu erreichen sind und zusätzlich die zunehmende Werbemüdigkeit, besonders junger Zielgruppen, umgehen kann. Die Wirkung des Einflus-
ses der Influencer auf den Kaufentscheidungsprozess lässt sich darin beweisen,
dass Menschen altersunabhängig bei regelmäßigem Kontakt mit Influencern zum
Kauf animiert werden. Die Glaubwürdigkeit, der Einfluss und die authentischen Inhalte der Influencer, die einen geringen Werbecharakter aufweisen, führen dazu,
dass die Werbebotschaften der kooperierenden Unternehmen trotz Kennzeichnung als Werbung weiter toleriert werden (s. Kapitel 3.2).

Des Weiteren dient **IM als strategisches Instrument** zur Beeinflussung und Con-
tent-Produktion **des SMM**. Als Content-Produzent gestaltet der Influencer die Werbebotschaften authentisch, kreativ und unterhaltsam, womit er letztendlich
Kaufimpulse in der Zielgruppe des Unternehmens auslösen kann. Durch seine
Reichweite in der relevanten Zielgruppe entstehen weniger Streuverluste. Die produzierten Inhalte werden oftmals auch für den Unternehmens-Account verwendet.
Der Influencer wird auch dafür instrumentalisiert, um für Aufmerksamkeit für das
Unternehmen zu sorgen und potentielle Kunden auf den Unternehmens-Account
zu lenken, damit das Unternehmen durch das SMM die Kunden an sich bindet
(s. Kapiel 2.5.2, 2.5.3, 3.2, 3.3 & 4).

Auf Basis der obigen Erkenntnisse lässt sich weiterhin schlussfolgern, dass **Instagram eine hohe Relevanz als Marketingkanal** hat, aufgrund seiner hohen Reichweite und des stetigen Wachstums seiner Nutzerzahlen. Neben den noch überwiegend jungen Usern werden bald ältere Menschen nachziehen und damit ebenfalls
durch Influencer erreichbar sein. Dies bildet in Zukunft neues Potenzial für IM der
Unternehmen mit älteren Zielgruppen. Ein weiterer positiver Aspekt ist das opti-
male Umfeld für Markenkommunikation, denn die User dort sind generell marken-
und kaufaffin. Zudem ist die Zukunftsfähigkeit von Instagram ein Vorteil für Unternehmen. Instagram passt seine Funktionen stets dem Mediennutzungs- und Kommunikationsverhalten der User an und seine technischen Features für Unter-

nehmen und Influencer unterstützen die Messbarkeit der Kampagnen. Dies hilft dabei, dass der IM sich weiter professionalisieren wird und immer mehr Unternehmen IM auf Instagram in ihr Marketing-Mix einbauen werden (s. Kapitel 3.4).

Durch ein Praxisbeispiel wurde nochmals bestätigt, **welche strategischen Ansätze ein langfristig erfolgreiches IM auf Instagram ermöglichen.** Die Zielgruppe sollte genau definiert werden. Bei der Auswahl des Influencers darf nicht nur auf quantitative Kriterien wie Reichweite geachtet werden, sondern vor allem auf die qualitativen Kriterien wie Marken-Fit, Zielgruppen-Fit, Content-Fit und Personality-Fit. Denn passen das Unternehmen und der Influencer nicht optimal zusammen, kann es negative Reaktionen bei der Zielgruppe auslösen und beide verlieren als Folge ihre Glaubwürdigkeit, mit möglichen Imageschaden. Das Beispiel hat ebenso gezeigt, dass der Schwerpunkt des IM auf langfristigen und nachhaltigen Kooperationen liegen sollten. Die langfristige Beziehung sorgt für Vertrauen und bindet den Influencer an das Unternehmen. Dadurch kann er sich mit der Marke besser identifizieren und vermittelt die Werbebotschaften authentischer. Die Erkenntnis hier ist auch, dass neben IM auch andere Social Advertising-Möglichkeiten von Instagram in Anspruch genommen werden, da IM andere Werbemaßnahmen komplementiert, aber bis dato nicht ersetzen kann (s. Kapitel 3.6 & 4).

Die Erfolgsmessung des IM stellt die größte Herausforderung für Unternehmen dar und die Tatsache, dass die weltweite Abschaffung der Likes nach der Testphase bevorstehen könnte, erschwert nochmals die Situation (von Piechowski, 2020). Aus diesem Grund sollten Unternehmen in Zukunft den Fokus auf die anderen quantitativen Kriterien zur Auswertung des Erfolgs legen und des Weiteren dafür sorgen, dass neue, vereinfachte und standardisierte Erfolgsmessungsmethoden entwickelt werden, die z.B. auch die Bewertung der Kommentare, vor allem dem seines Sentiments, vereinfachen. Unter diesen Gesichtspunkten sollte es Gegenstand zukünftiger Forschungen sein, Methodiken zur Erfolgsmessung tiefgehend zu analysieren.

Literaturverzeichnis

AGF. (2020, 21.01.2020). Durchschnittliche tägliche Fernsehdauer in Deutschland nach Altersgruppen in den Jahren 2018 und 2019 (in Minuten), abgerufen von https://de.statista.com/statistik/daten/studie/152389/umfrage/durchschnittliche-fernsehdauer-pro-tag/.

Alby, T. (2008). *Web 2.0: Konzepte, Anwendungen, Technologien.* 3. überarbeitete Auflage. München: Carl Hanser.

Alpar, P., & Blaschke S. (2008). Einleitung. In: Alpar, P., & Blaschke S. (Hrsg.), *Web 2.0: Eine empirische Bestandsaufnahme* (S.1-14). 1. Auflage. Wiesbaden: Vieweg + Teubner.

ARD & ZDF (2019a, 18.02.2020). Anteil der Nutzer von Social-Media-Plattformen nach Altersgruppen in Deutschland im Jahr 2019, abgerufen von https://de.statista.com/statistik/daten/studie/543605/umfrage/verteilung-der-nutzer-von-social-media-plattformen-nach-altersgruppen-in-deutschland/.

ARD & ZDF (2019b, 21.01.2020). Anzahl der Internetnutzer in Deutschland in den Jahren 1997 bis 2019 (in Millionen), abgerufen von https://de.statista.com/statistik/daten/studie/36146/umfrage/anzahl-der-internetnutzer-in-deutschland-seit-1997/.

Back, A., Gronau, N., & Tochtermann, K. (2012). *Web 2.0 und Social Media in der Unternehmenspraxis: Grundlagen, Anwendungen und Methoden mit zahlreichen Fallstudien.* 3. vollständig überarbeitete Auflage. München: Oldenbourg.

Backhaus, K., & Voeth, M. (2014). *Industriegütermarketing: Grundlagen des Business-to-Business-Marketings.* 10. überarbeitete Auflage. München: Franz Vahlen.

Bartels, L., & Terstiege, M. (2020). Influencer-Marketing-Digitale Einflussnahme auf Zielgruppen. In: Terstiege, M. (Hrsg.), *Digitales Marketing-Erfolgsmodelle aus der Praxis: Konzepte, Instrumente und Strategien im Kontext der Digitalisierung* (S. 61-78). Wiesbaden: Springer Gabler.

Barzen, D. (2019). Influencer- Zukunftsfähige Kommunikationspolitik im Online-Marketing. In: Groß, M., Müller-Wiegand, M., & Pinnow D. F. (Hrsg.), *Zukunftsfähige Unternehmensführung: Ideen, Konzepte und Praxisbeispiele* (S. 141-171). Berlin/Heidelberg: Springer Gabler.

Becker, J. (2013). *Marketing-Konzeption: Grundlagen des zielstrategischen und operativen Marketing- Management.* 10. überarbeitete und erweiterte Auflage. München: Franz Vahlen.

Beilharz, F. (2012). *Social-Media-Management: Wie Marketing und PR Social-Media-tauglich werden.* 1. Auflage. Göttingen: BusinessVillage.

Bernauer, D., Hesse, G., Laick, S., & Schmitz, B. (2011). *Social Media im Personalmarketing: Erfolgreich in Netzwerken kommunizieren.* Köln: Luchterhand.

Bernet, M. (2010). *Social Media in der Medienarbeit: Online-PR im Zeitalter von Google, Facebook und Co.* 1. Auflage. Wiesbaden: VS Verlag.

Bersch, A. (2016, 03.03.2020). Markenaufbau über Influencer: Interview mit Kapten & Son, abgerufen von https://www.futurebiz.de/artikel/35286/.

Bitkom. (2017, 01.02.2020). Welches Ziel verfolgen Sie mit dem Social-Media-Einsatz in Ihrem Unternehmen? , abgerufen von https://de.statista.com/statistik/daten/studie/729945/umfrage/gruende-fuer-den-einsatz-von-social-media-in-unternehmen-in-deutschland/.

Brecht, K. (2017, 03.03.2020). Odernichtoderdoch, Kapten & Son, Just Spices: Wie Instagram die drei Start-ups groß gemacht hat, abgerufen von https://www.horizont.net/marketing/nachrichten/Odernichtoderdoch-Kapten--Son-Just-Spices-Wie-Instagram-die-drei-Start-ups-gross-gemacht-hat-162709.

Bruce, A., & Jeromin, C. (2018). Markenstrategischer Fit im Influencer-Marketing: Die Marke im Spannungsfeld zwischen Kontinuität und Freiheit. In: Jahnke, M. (Hrsg.), *Influencer Marketing: Für Unternehmen und Influencer: Strategien, Plattformen, Instrumente, rechtlicher Rahmen. Mit vielen Beispielen* (S.53-66). Wiesbaden: Springer Gabler.

Bruhn, M. (2014). *Unternehmens- und Marketingkommunikation: Handbuch für ein integriertes Kommunikationsmanagement.* 3. vollständig überarbeitete Auflage. München: Franz Vahlen.

Bruhn, M. (2019a). *Kommunikationspolitik: Systematischer Einsatz der Kommunikation für Unternehmen.* 9. vollständig überarbeitete Auflage. München: Franz Vahlen.

Bruhn, M. (2019b). *Marketing: Grundlagen für Studium und Praxis.* 14. überarbeitete Auflage. Wiesbaden: Springer Gabler.

Bruhn, M., & Hadwich, K. (2013). Dienstleistungsmanagement und Social Media: Eine Einführung in die theoretischen und praktischen Problemstellungen. In: Bruhn, M., & Hadwich, K. (Hrsg.), *Dienstleistungsmanagement und Social Media: Potenziale, Strategien und Instrumente* (S.3-40). Wiesbaden: Springer Gabler.

Buchenau, P., & Fürtbauer, D. (2015). *Chefsache Social Media Marketing: Wie erfolgreiche Unternehmen schon heute den Markt der Zukunft bestimmen.* Wiesbaden: Springer Gabler.

BVDW (2018a, 07.03.2020). Umfrage zur Nutzung von Influencer Marketing: Bereich, dem Influencer Marketing zugeordnet ist, abgerufen von https://www.bvdw.org/fileadmin/user_upload/BVDW_Umfrage_Influencer_Marketing_112018.pdf.

BVDW (2018b, 21.02.2020). Umfrage zur Nutzung von Influencer Marketing: Bedeutung einzelner Marketingziele bei Nutzung von Influencer Marketing, abgerufen von https://www.bvdw.org/fileadmin/user_upload/BVDW_Umfrage_Influencer_Marketing_112018.pdf.

BVDW (2018c, 14.03.2020). Umfrage zur Nutzung von Influencer Marketing: Herausforderungen von Influencer Marketing, abgerufen von https://www.bvdw.org/fileadmin/user_upload/BVDW_Umfrage_Influencer_Marketing_112018.pdf.

BVDW (2019, 14.02.2020). Digital Trends- Umfrage zum Umgang mit Influencern, abgerufen von https://www.bvdw.org/themen/publikationen/detail/artikel/digital-trends-umfrage-zum-umgang-mit-influencern/.

Ceyp, M., & Scupin, J-P. (2013). *Erfolgreiches Social Media Marketing: Konzepte, Maßnahmen und Praxisbeispiele.* Wiesbaden: Springer Gabler.

CH (2018, 03.03.2020). Kapten & Son: Drei Studenten erobern die Welt, abgerufen von https://www.eyebizz.de/brillen/kapten-son-drei-studenten-erobern-die-welt/.

Chrononautix (2017, 03.03.2020). Kapten & Son und die Influencer-Maschinerie: Ein Häppchen Lifestyle für Jedermann, abgerufen von https://chrononautix.com/kapten-son-influencer-marketing-campus-silver-mesh-anker/.

Decker, R., Kroll, F., Meißner, M., & Wagner, R. (2015). *Marketing: Eine entscheidungsorientierte Einführung.* Berlin/Heidelberg: Springer Gabler.

Deges, F. (2018). *Quick Guide Influencer Marketing: Wie Sie durch Multiplikatoren mehr Reichweite und Umsatz erzielen.* Wiesbaden: Springer Gabler.

Dichtl, M. (2015, 29.02.2020). Instagram für Unternehmen- ein Leitfaden für Anfänger, abgerufen von https://blog.hootsuite.com/de/instagram-fuer-unternehmen-ein-leitfaden-fuer-anfaenger/.

eMarketer (2018, 13.02.2020). Anteil der Nutzer von Werbeblockern unter Internetnutzern in Deutschland in den Jahren 2015 bis 2017 sowie eine Prognose bis 2019, abgerufen von https://de.statista.com/statistik/daten/studie/911968/umfrage/anteil-der-nutzer-von-adblockern-unter-internetnutzern-in-deutschland/.

eMarketer (2019, 18.02.2020). Prognose zur Anzahl der monatlich aktiven Nutzer von Instagram weltweit für die Jahre 2018 bis 2022 (in Millionen), abgerufen von https://de.statista.com/statistik/daten/studie/795086/umfrage/anzahl-der-nutzer-von-instagram-weltweit/.

Eurostat (2020, 31.01.2020). Anteil der Unternehmen in Europa, die soziale Medien nutzen im Ländervergleich in ausgewählten Jahren von 2016 bis 2019, abgerufen von https://de.statista.com/statistik/daten/studie/188620/umfrage/einsatz-von-social-media-marketing-durch-firmen-in-europa/.

Faßmann, M. & Moss, C. (2016). *Instagram als Marketing-Kanal: Die Positionierung ausgewählter Social-Media-Plattformen.* Wiesbaden: Springer VS.

Fiege, R. (2012). *Social Media Balanced Scorecard: Erfolgreiche Social Media-Strategien in der Praxis.* Wiesbaden: Springer Vieweg.

Firnkes, M. (2013). *SEO & Social Media: Handbuch für selbstständige und Unternehmer.* München: Carl Hanser.

Firsching, J. & Bersch, A. (2016, 14.02.2020). Influencer Marketing für Unternehmen, abgerufen von http://www.futurebiz.de/wp-content/uploads/2016/03/Influencer-Marketing-White-Paper-Futurebiz.pdf.

Firsching, J (2017). Mehr als Cat Content und Selfies: Erfolgreiches Instagram Marketing für Unternehmen. In: Scholz, H. (Hrsg.), *Social goes Mobile- Kunden gezielt erreichen: Mobile Marketing in sozialen Netzwerken* (S. 85-103). 2. aktualisierte Auflage. Wiesbaden: Springer Gabler.

Fritz, W., von der Oelnitz, D., & Seegebarth, B. (2019). *Marketing: Elemente marktorientierter Unternehmensführung.* 5. erweiterte und überarbeitete Auflage. Stuttgart: W. Kohlhammer.

Froböse, M., & Thurm M. (2016). *Marketing.* Wiesbaden: Springer Gabler.

Fuchs, T., & Hahn, C. (2018). Was sind die medienrechtlichen Rahmenbedingungen des Influencer-Marketings? Kennzeichnung, Jugendschutz und Aufsicht. In: Jahnke, M. (Hrsg.), *Influencer Marketing: Für Unternehmen und Influencer: Strategien, Plattformen, Instrumente, rechtlicher Rahmen. Mit vielen Beispielen* (S.161-175). Wiesbaden: Springer Gabler.

Funke, S-O. (2019). *Influencer-Marketing: Strategie, Briefing, Monitoring.* 1. Auflage. Bonn: Rheinwerk.

Gerstenberg, F., & Gerstenberg, C. (2018). *Quick Guide Social Relations: PR-Arbeit mit Bloggern und anderen Influencern im Social Web.* 2. Aktualisierte Auflage. Wiesbaden: Springer Gabler.

Goldmedia (2018, 18.02.2020). Influencer Marketing auf dem Weg zum Milliardenmarkt, abgerufen von https://www.goldmedia.com/aktuelles/info/article/influencer-marketing-auf-dem-weg-zum-milliardenmarkt/.

Göpfert, Y. (2017). Farbe bekennen. *LEAD digital*, (11), 8-13.

Grabs, A., Bannour, K-P., & Vogl, E. (2017). *Follow me! : Erfolgreiches Social Media Marketing mit Facebook, Twitter und Co..* 4. aktualisierte und erweiterte Auflage, 1. korrigierter Nachdruck. Bonn: Rheinwerk.

Greve, G. (2016). Kontrolle von Online-Marketing-Aktivitäten: Nutzung von Attributionsmodellen für das Marketing-Controlling. *WiSt- Wirtschaftswissenschaftliches Studium,* 45(1), 16-21.

Greven (2018a, 18.02.2020). Wem folgen Sie auf Instagram?, abgerufen von https://de.statista.com/statistik/daten/studie/939816/umfrage/wem-instagram-nutzer-folgen-nach-geschlecht-in-deutschland/.

Greven (2018b, 18.02.2020). Wozu nutzen Sie Instagram?, abgerufen von https://de.statista.com/statistik/daten/studie/939790/umfrage/nutzungsgruende-fuer-instagram-in-deutschland/.

GroupM (2019, 20.01.2020). Werbeausgaben in Deutschland im Jahr 2018 und Prognose bis 2024, abgerufen von https://de.statista.com/statistik/daten/studie/75034/umfrage/entwicklung-der-werbeausgaben-in-deutschland-prognose/.

Haas, S., Trump, T., Gerhards, M., & Klingler, W. (2017). Web 2.0 - Nutzung und Nutzertypen: Eine Analyse auf der Basis quantitativer und qualitativer Untersuchungen. Media Perspektiven, 2007(4), 215-222.

Held, F. (2018). Influencer-Marketing ist nicht nur Instagram. In: Jahnke, M. (Hrsg.), *Influencer Marketing: Für Unternehmen und Influencer: Strategien, Plattformen, Instrumente, rechtlicher Rahmen. Mit vielen Beispielen* (S.67-83). Wiesbaden: Springer Gabler.

Heßler, A., & Mosebach, P. (2013). *Strategie und Marketing im Web 2.0: Handbuch für Steuerberater und Wirtschaftsprüfer.* Wiesbaden: Springer Gabler.

Hettler, U. (2010). *Social Media Marketing: Marketing mit Blogs, Sozialen Netzwerken und weiteren Anwendungen des Web 2.0.* München: Oldenbourg.

Heymann-Reder, D. (2011). *Social Media Marketing: Erfolgreiche Strategien für Sie und Ihr Unternehmen.* München: Addison-Wesley.

Hinterholzer, T., & Jooss, M. (2013). *Social Media Marketing und –Management im Tourismus.* Berlin/Heidelberg: Springer Gabler.

Holland, H. (2016). *Dialogmarketing: Offline- und Online- Marketing, Mobile- und Social Media-Marketing.* 4. vollständig überarbeitete Auflage. München: Franz Vahlen.

Homburg, C. (2017). *Marketingmanagement: Strategie-Instrumente-Umsetzung-Unternehmungsführung.* 6. Auflage. Wiebaden: Springer Gabler.

Horizont (2017, 18.02.2020). Anzahl der Nutzer von Instagram in Deutschland im Januar 2016 und August 2017 (in Millionen), abgerufen von https://de.statista.com/statistik/daten/studie/743772/umfrage/nutzer-von-instagram-in-deutschland/.

InfluencerDB (2019, 04.03.2020). Ranking der beliebtesten deutschen Retail-Unternehmen auf Instagram nach Anzahl der Follower im Dezember 2019 (in 1.000), abgerufen von https://de.statista.com/statistik/daten/studie/427354/umfrage/top-10-beliebteste-deutsche-unternehmen-auf-instagram-nach-anzahl-der-follower/.

Internet World Business (2016). Geplant beeinflussen. *Internet World Business,* 2016(15), 18.

Internet World Stats.(2019, 21.01.2020). Schätzung zum Anteil der Internet-nutzer weltweit nach Regionen im Jahr 2019, abgerufen von https://de.statista.com/statistik/daten/studie/162074/umfrage/penet-rationsrate-des-internets-nach-regionen-im-jahr-2010/.

Jahnke, M. (2018). Ist Influencer-Marketing wirklich neu? In: Jahnke, M. (Hrsg.), *Influencer Marketing: Für Unternehmen und Influencer: Strategien, Platt-formen, Instrumente, rechtlicher Rahmen. Mit vielen Beispielen* (S.1-13). Wiesbaden: Springer Gabler.

Jeronski, C., & Gässler, T. (2019, 03.03.2020). Wachstumsmöglichkeiten durch Instagram für Start-ups, abgerufen von https://www.mtp.org/maga-zin/2019/04/22/wachstumsmoeglichkeiten-durch-instagram-fuer-star-tups/.

Jers, C., Gölz, H., & Taddicken, M. (2013). Forschungsgegenstand Web 2.0. In: Schenk, M., Jers, C., & Gölz, H. (Hrsg.), *Die Nutzung des Web 2.0 in Deutsch-land: Verbreitung, Determinanten und Auswirkungen* (S.18-30). 1. Auflage. Baden- Baden: Nomos.

Judt, E., & Klausegger, C. (2011). Social Media Marketing. *Bank und Markt,* 2011(8), 042.

Kahl, J. (2017, 25.02.2020). Braucht es im Influencer Marketing überhaupt Ver-träge?, abgerufen von http://www.projecter.de/blog/social-me-dia/braucht-es-im-influencer-marketing-ueberhaupt-vertraege.html.

Kamps, I., & Schetter, D. (2018). *Performance Marketing: Der Wegweiser zu ei-nem mess- und steuerbaren Marketing – Einführung in Instrumente, Metho-den und Technik.* Wiesbaden: Springer Gabler.

KAPTEN & SON (2020a, 10.03.2020). Sortiment, abgerufen von https://kapten-son.com/de/?gclid=EAIaIQobChMI-7XGkeyQ6AIVyPhRCh0nEAy-nEAAYASAAEgIUAfD_BwE.

KAPTEN & SON (2020b, 03.03.2020). Firmenlogo, abgerufen von https://karri-ere.kapten-son.com/.

KAPTEN & SON (2020c, 03.03.2020). Ambassadors, abgerufen von https://kapten-son.com/de/ambassadors.

KAPTEN & SON (2020d, 04.03.2020). Followerzahl vom Instagram-Account, abgerufen von https://www.instagram.com/kaptenandson/?hl=de.

Klopsch, S. (2018). Wo beginnt Werbung?. *Lebensmittel Praxis*, (10), 92.

Kloster, A. (2017, 27.02.2020). So messen Sie den ROI Ihres Influencer Marketings, abgerufen von https://www.pressrelations.com/blog/de/so-messen-sie-den-roi-ihres-influencer-marketings.

Kobilke, K. (2019). *Marketing mit Instagram- Das umfassende Praxis-Handbuch.* 4. Auflage. o.O.: mitp.

Kreutzer, R. T. (2018). *Praxisorientiertes Online-Marketing: Konzepte – Instrumente – Checklisten.* 3. vollständig überarbeitete und erweiterte Auflage. Wiesbaden: Springer Gabler.

Kreutzer, R. T. (2019). *Online-Marketing.* 2. überarbeitete und erweiterte Auflage. Wiesbaden: Springer Gabler.

Kreutzer, R. T., Rumler, A., & Wille-Baumkauff, B. (2015). *B2B-Online-Marketingund Social Media: Ein Praxisleitfaden.* Wiesbaden: Springer Gabler.

Krüger, A. (2018). Wie geht das? Herausforderung für Unternehmen. Agenturen und Influencer. In: Jahnke, M. (Hrsg.), *Influencer Marketing: Für Unternehmen und Influencer: Strategien, Plattformen, Instrumente, rechtlicher Rahmen. Mit vielen Beispielen* (S. 211-236). Wiesbaden: Springer Gabler.

Kuß, A., & Kleinaltenkamp, M. (2016). *Marketing-Einführung: Grundlagen- Überblick – Beispiele.* 7. überarbeitete Auflage. Wiesbaden: Springer Gabler.

Lammenett, E. (2018). *Influencer Marketing: Chancen, Potenziale, Risiken, Mechanismen, strukturierter Einstieg, Software-Übersicht.* 2. Auflage. Roetgen: Dr. Erwin Lammenett.

Lammenett, E. (2019). *Praxiswissen Online- Marketing: Affiliate-, Influencer-, Content- und E-Mail-Marketing, Google Ads, SEO, Social Media, Online- inklusive Facebook- Werbung.* 7. Überarbeitete und erweiterte Auflage. Wiesbaden: Springer Gabler.

Lembke, G. (2011). *Social Media Marketing: Analyse, Strategie, Konzeption, Umsetzung.* 1. Auflage. Berlin: Cornelsen.

Lommatzsch, T. (2018). Begriffsklärung: Influencer Marketing vs. Influencer Relations. In: Schach, A. & Lommatzsch, T. (Hrsg.), *Influencer Relations: Marketing und PR mit digitalen Meinungsführern* (S. 23-26). Wiesbaden: Springer Gabler.

Meffert, H., Burmann, C., Kirchgeorg, M., & Eisenberg, M. (2019). *Marketing: Grundlagenmarktorientierter Unternehmensführung Konzepte–Instrumente–Praxisbeispiele.* 13. überarbeitete und erweiterte Auflage. Wiesbaden: Springer Gabler.

Michelis, D. (2014). *Der vernetzte Konsument: Grundlagen des Marketing im Zeitalter partizipativer Unternehmensführung.* Wiesbaden: Springer Gabler.

Mühle, C., Ziegler, B., & Eisenbrand, R. (2016). Testimonials neu erfunden: Influencer Marketing mit Celebrities und Social-Media-Stars. *Absatzwirtschaft*, (01-02), 78.

Müller, F. (2017). Aus Münster in die Welt- Instagram: Welche Händler auf der Plattform am erfolgreichsten agieren. *Horizont*, (21), 22.

NapoleonCat (2019, 09.03.2020). Instagram users in Germany as of December 2019, by age of users (in percentage), abgerufen von https://www.statista.com/statistics/1018019/instagram-users-germany/.

Nguyen, L. A. (2018). Influencer Relations: Der neue King of Content. In: Schach, A., & Lommatzsch, T. (Hrsg.), *Influencer Relations: Marketing und PR mit digitalen Meinungsführern* (S. 147-161). Wiesbaden: Springer Gabler.

Nielsen (2015, 14.02.2020). Die beste Werbung machen Freunde und Bekannte- Deutsche vertrauen auf persönliche Empfehlungen, abgerufen von https://www.nielsen.com/de/de/insights/report/2015/trust-in-advertising/.

Nirschl, M. & Steinberg, L. (2018). *Einstieg in das Influencer Marketing: Grundlagen, Strategien und Erfolgsfaktoren.* Wiesbaden: Springer Gabler.

PwC (2018a, 18.02.2020). Durchschnittliche Nutzungsdauer von folgenden Social-Media-Plattformen pro Tag nach Altersgruppen in Deutschland im Jahr 2018 (in Minuten), abgerufen von https://de.statista.com/statistik/daten/studie/951011/umfrage/nutzungsdauer-von-social-media-plattformen-nach-altersgruppen-in-deutschland/.

PwC (2018b, 14.02.2020). Befragten, die ein sehr bzw. eher großes Vertrauen in die Produktinformationen von Influencern haben, nach Altersgruppen in Deutschland im Jahr 2018, abgerufen von https://de.statista.com/statistik/daten/studie/951052/umfrage/vertrauen-in-produktinformationen-von-influecern-in-deutschland/.

Raake, S., & Hilker, C. (2010). *Web 2.0 in der Finanzbranche: Die neue Macht des Kunden.* 1. Auflage. Wiesbaden: Gabler.

Reiner, S. (2019, 03.03.2020). Berlin, Wien, Amsterdam: Kapten & Son startet Store-Offensive, abgerufen von https://www.textilwirtschaft.de/business/news/berlin-wien-amsterdam-kapten--son-startet-store-offensive-222518.

Reuters Institute for the Study of Journalism (2018, 31.01.2020). Anteil der Internetnutzer in ausgewählten Ländern weltweit, die Adblocker nutzen im Jahr 2018, abgerufen von https://de.statista.com/statistik/daten/studie/562775/umfrage/anteil-der-nutzer-von-adblockern-in-ausgewaehlten-laendern-weltweit/.

Riepe, L. (2017, 03.03.2020). Start-ups und Influencer: Eine erfolgreiche Kooperation, abgerufen von https://gruender.wiwo.de/start-ups-und-influencer-eine-erfolgreiche-kooperation/.

Rinsum, H. (2018). Von Micro bis Mega. *Internet World Business,* 2018(23), 8-10.

Ruff, H. (2016, 25.02.2020). Warum Influencer Marketing oft herausgeschmissenes Geld ist, abgerufen von https://www.horizont.net/marketing/kommentare/Social-Media-Stars-Warum-Influencer-Marketing-oft-herausgeschmissenes-Geld-ist-143633.

Runia, P. M., Wahl, F., Geyer O., & Thewißen, C. (2019). *Marketing: Prozess- und praxisorientierte Grundlagen.* 5. Aktualisierte und ergänzte Auflage. Berlin/Boston: De Gruyter Oldenbourg.

Schach, A. (2018). Botschafter, Blogger, Influencer: Eine definitorische Einordnung aus der Perspektive der Public Relations. In: Schach, A., & Lommatzsch, T. (Hrsg.), *Influencer Relations: Marketing und PR mit digitalen Meinungsführern* (S. 27-47). Wiesbaden: Springer Gabler.

Scheunert, L., Schlütz, D., Link, E., & Emde-Lachmund, K. (2018). Inspiration oder Störung? Ein Experiment zur Wirkung von Influencer-Werbung auf Instagram. In: Schach, A. & Lommatzsch, T. (Hrsg.), *Influencer Relations: Marketing und PR mit digitalen Meinungsführern* (S. 75-88). Wiesbaden: Springer Gabler.

Schichler, J. (2017,03.03.2020). So wurde das Uhrenlabel Kapten&Son dank Influencer-Marketing zur Trendmarke, abgerufen von https://www.styleranking.de/magazine/lifestyle/so-wurde-das-uhrenlabel-kapten-son-dank-influencer-marketing-zur-trendmarke.

Schmidt, J-H. (2013). *Social Media.* Wiesbaden: Springer VS.

Schnor, P. (2017, 03.03.2020). „Auf Kapten & Son soll Deutschland mal so stolz sein wie auf Adidas", abgerufen von https://www.gruenderszene.de/allgemein/kapten-son-uhren-startup.

Scholz, H. (2017). Social Networks: Funktionen, Marktstellung, Nutzung. In: Scholz, H. (Hrsg.), *Social goes Mobile- Kunden gezielt erreichen: Mobile Marketing in sozialen Netzwerken* (S. 3-15). 2. aktualisierte Auflage. Wiesbaden: Springer Gabler.

Schüller, A. M. (2015). *Das neue Empfehlungsmarketing: Durch Mund-zu-Mund-Propaganda und Weiterempfehlungen neue Kunden gewinnen.* 2. Auflage. Göttingen: BusinessVillage.

Seeger, C., & Kost, J. F. (2019). *Influencer Marketing: Grundlagen, Strategie und Management.* München: UVK.

Stanoevska- Slabeva, K. (2008). Web 2.0- Grundlagen, Auswirkungen und zukünftige Trends. In: Meckel, M., & Stanoevska- Slabeva, K. (Hrsg.), *Web 2.0: Die nächste Generation Internet* (S. 13-38). 1. Auflage. Baden- Baden: Nomos.

Statista (2019a, 27.01.2020). Welche Arten von Social Media nutzen Sie regelmäßig? , abgerufen von https://de.statista.com/prognosen/999854/umfrage-in-deutschland-zu-beliebten-arten-von-social-media.

Statista (2019b, 21.01.2020). Wie werden die Medien in Deutschland genutzt? , abgerufen von https://de.statista.com/themen/101/medien/.

Statistisches Bundesamt (2020,27.01.2020). Anteil der Internetnutzer, die in den letzten drei Monaten soziale Netzwerke genutzt haben, nach Altersgruppen in Deutschland im Jahr 2019, abgerufen in https://de.statista.com/statistik/daten/studie/509345/umfrage/anteil-der-nutzer-von-sozialen-netzwerken-nach-altersgruppen-in-deutschland/.

Tosev, T. (2016, 03.03.2020). Instagram Best Practice: Fünf gelungene Unternehmens-Profile, abgerufen von https://upload-magazin.de/14948-instagram-best-practice/.

Tropp, J. (2019). *Moderne Marketing- Kommunikation: Grundlagen, Prozess und Management markt- und kundenorientierter Unternehmenskommunikation.* 3. Auflage. Wiesbaden: Springer VS.

Ulbricht, C. (2016). *Social Media und Recht: Praxiswissen für Unternehmen.* 3. Auflage. Freiburg: Haufe-Lexware.

Universität Bamberg (2019, 07.03.2020). Nutzen Sie als Unternehmen Instagram für Image-Werbung?, abgerufen von https://de.statista.com/statistik/daten/studie/817100/umfrage/nutzung-von-instagram-durch-unternehmen-fuer-image-werbung-in-deutschland/.

Von Piechowski, N. (2020, 12.03.2020). Versteckte Likes: So begründet Instagram den Test, abgerufen von https://onlinemarketing.de/news/versteckte-likes-so-begruendet-instagram-den-test.

Von Rotz, J., & Tokarski, K. O. (2020). Social Influencer- Eine Analyse ausgewählter visueller und auditiver Stile erfolgreicher Social Influencer auf YouTube. In: Schellinger, J., Tokarski, K. O., & Kissling-Näf, I. (Hrsg.), *Digitale Transformation und Unternehmensführung: Trends und Perspektiven für die Praxis* (S. 407-434). o. O. : Springer Gabler.

We Are Social, Hootsuite, & DataReportal (2019a, 27.01.2020). Anzahl der aktiven mobilen Nutzer von sozialen Netzwerken in ausgewählten Ländern in Europa im Januar 2019(in Millionen), abgerufen von https://de.statista.com/statistik/daten/studie/227140/umfrage/entwicklung-der-anzahl-mobiler-nutzer-von-sozialen-netzwerken/.

We Are Social, Hootsuite, & DataReportal (2019b, 27.01.2020). Ranking der Länder mit höchster durchschnittlicher Nutzungsdauer von Social Networks weltweit im Jahr 2018 (in Minuten pro Tag), abgerufen von https://de.statista.com/statistik/daten/studie/160137/umfrage/verweildauer-auf-social-networks-pro-tag-nach-laendern/.

Weinberg, T. (2015). *Social Media Marketing: Strategien für Twitter, Facebook & Co.*. 4. Auflage 1. korrigierter Nachdruck. Köln: O´Reilly.

Weis, H. C. (2018). *Marketing*. 18. aktualisierte Auflage. Herne: Kiehl.

Wirtz, B. W. (2019). *Medien-und Internetmanagement*. 10. Aktualisierte und überarbeitete Auflage. Wiesbaden: Springer Gabler.

Wolf, T. (2017). *Kundenkommunikation in sozialen Medien: Analyse und Steuerung der Kommunikationsprozesse*. Wiesbaden: Springer Gabler.

YouGov. (2017, 13.02.2020). Nutzen Sie Adblocker oder Anti-Tracking-Software? abgerufen von https://de.statista.com/statistik/daten/studie/575166/umfrage/nutzung-von-adblockern-nach-altersgruppen-in-deutschland/.

Yuan, H. (2013). A SWOT analysis of successful construction waste management. *Journal of Cleaner Production*, (39), 1-8.